参与本书创作的作者

梁　磊　张　剑　杜　涛　谭　啸　孟　中　汪　恒
亓　兴　张璐璐　王　飞　梁国仓　车延利　张树栋
刘　艺　李元棋　闻　氙　林木森　段东亮　姜睿哲
欧阳烨菲　荣文冬　乔永刚　陆恭勤　张　纯　孙　晔
张政文　邵　彬　孙毅杰　黄海龙　陈　乐　何雅婷
鲍国栋　孙　洋　崔晓然　娄　涛　荆鹏飞　殷新建
王政勋　付仰周　姚延伟　黄　笑　梁　成　徐小宁
王　瑜　王国栋　曾　强　李　剑　钟　洋　韩　科
高　超　何葛毓　谭　铭　张　翔　唐媛媛　吕新明
彭甘旭　邹　红　姜　伟　李长征　冉　克　王　宾
宋　玫　刘　璇　井　硕　张耀琦　杜冰融

（编撰人员排名不分先后）

隽弈®学苑
JUN YI COLLEGE

分红险一本通

隽弈学苑——著

民主与建设出版社
·北京·

图书在版编目（CIP）数据

分红险一本通 / 隽弈学苑著. -- 北京 ： 民主与建设出版社，2025. 1（2025. 1重印）. -- ISBN 978-7-5139-4134-1

Ⅰ. F84

中国国家版本馆CIP数据核字第2024G7S728号

分红险一本通

FENHONG XIAN YIBENTONG

著　　者　隽弈学苑
责任编辑　郎培培
封面设计　仙　境
出版发行　民主与建设出版社有限责任公司
电　　话　（010）59417749　59419778
社　　址　北京市朝阳区宏泰东街远洋万和南区伍号公馆4层
邮　　编　100102
印　　刷　鸿博昊天科技有限公司
版　　次　2025 年 1 月第 1 版
印　　次　2025 年 1 月第 2 次印刷
开　　本　880 毫米 × 1230 毫米　1/32
印　　张　8.25
字　　数　144千字
书　　号　ISBN 978-7-5139-4134-1
定　　价　88.00元

隽弈学苑简介

隽弈学苑成立于2019年，长期在私人财富管理领域精耕细作，专注于财商、法商、税商和企商的系统研究。隽弈学苑以专业的财法企税项目运作为核心，致力于打造一个集学习、交流与赋能为一体的合作平台，旨在为私人财富管理行业提供全面而深入的支持与服务。

隽弈学苑汇集了一批私人财富管理领域的实战专家，是一家包含律师、税务师、理财师、保险师的权威财富管理平台。隽弈学苑依托金融与法税界的丰富资源，通过精准高效的财法税专项项目运作，为财富管理机构及中高净值客户提供专业化、综合化的财法税解决方案。

隽弈学苑拥有一系列经过市场实践打磨的原创项目，包括“极创营”“轻家办”“爆破手”“强认证”“大咖汇”“弈宝通”等。

序言 PREFACE

在如今复杂多变的经济环境中，人们对于财富管理和保障的需求日益增长。分红险作为一种兼具保险保障和投资收益的金融工具，正逐渐受到越来越多消费者的关注和青睐。

2024 年 9 月 11 日，国务院印发了《关于加强监管防范风险推动保险业高质量发展的若干意见》，对保险业未来的改革以及发展作出了系统性的谋划和安排，这也被业内称为保险业的 3.0 版“国十条”。新“国十条”明确提出要“健全产品定价机制，强化精算技术运用。推进产品转型升级，支持浮动收益型保险发展”。结合 2024 年 8 月 2 日国家金融监督管理总局发布的《关于健全人身保险产品定价机制的通知》，我们不难理解，在如今的时代背景下，发展浮动收益型产品已经是大势所趋。值得注意的是，这已经得到了市场的积极反馈。在 2024 年下半年举行的上市险企业绩发布会上，不少险企高管表态，未来分红险的占比将提高至 50% 以上。

监管部门对于分红险的指导意见主要是为了降低保险行业的利差损风险，让投保人和保险公司共同承担风险。近几年，监管部门为此做了不少铺垫工作，比如对保险公司的演示利率加以限制，杜绝夸大收益的行为，以及要求保险公司每年公布分红实现率，以提升分红险的透明度，等等。2024 年，监管部门再次调整保险产品的预定利率时，还给分红险额外预留了一个月的“窗口期”，以让人们能更好地接受分红险。此外，分红险的产品设计机制重塑了客户与保险公司的关系。就传统型保险产品而言，客户与保险公司属于债权关系，即客户向保险公司支付了一笔钱，同时得到了保险公司关于保险金赔付和现金价值的承诺。而就分红险而言，客户与保险公司类似于合伙关系，即客户与保险公司利益共享、风险共担、长期合作、相互依托。

本书从当前的经济环境入手，系统剖析了分红险的基本概念、特点、分红机制、红利分配方式等核心要素，以便人们对分红险有一个清晰而准确的认知。同时，本书还详细介绍了分红险的销售技巧，包括客户需求分析、案例解析等，以帮助保险销售人员在实际销售过程中更加得心应手。

在客户需求分析方面，本书不仅包括资产配置、子女教育、养老规划、房产投资等场景，还列举了分红险在婚姻财富风险防范、财富传承、企业经营风险管理等方面的功能，以针对客户的个性化需求匹配综合性的方案。

长期以来，有关财富传承是否属于保险主要功能的争议一直存在。从现实客户的需求来看，随着客户的财富不断积累、人口老龄化不断加深，财富传承需求越来越强烈，而保险业忽略这一现实，狭隘地理解“保险保障功能”，无异于是对“以客户为中心”这一价值导向的背离。新“国十条”直面市场现实，明确要求“发挥人寿保险的家庭保障和财富传承功能”，就是对过往某些观念的纠正，有助于保险业更好、更快地发展。

除销售技巧和方法外，本书还强调了保险销售人员的职业道德和责任感。分红险作为一种长期的金融产品，涉及客户的切身利益。保险销售人员必须以客户为中心，秉持诚实守信、专业负责的态度，为客户提供真实、准确的信息和建议。只有这样，才能赢得客户的长期信任和支持。

在撰写本书的过程中，我们充分结合了理论和实践，汇集了众多保险行业专家以及资深销售人员的经验和智慧。因此，本书的内容不仅丰富实用，还具有很强的可操作性和指导性。无论是初入保险行业的新人，还是经验丰富的销售精英，都能从本书中获得有益的启示和帮助。

最后，我们衷心希望本书能够成为广大保险销售人员的得力助手，帮助大家更好地销售分红险，为客户提供更加优质的财富管理和保障服务。同时，我们也希望通过本书的出版，能够进一步推动分红险市场的健康发展，为社会经济的稳定和发展作出贡献。

让我们一起开启分红险销售的精彩之旅，为客户创造更加美好的未来！

目录 CONTENTS

上编 分红险的基础知识

第一章 分红险为什么是大势所趋

一、利率走趋现状 / 004

（一）利率波动的表现 / 004

（二）利率波动的原因 / 006

（三）利率波动会导致保险的投资回报降低 / 008

（四）保险预定利率调整 / 010

（五）浮动回报类保险产品重回主流 / 017

二、分红险在境内外的发展状况 / 019

（一）分红险在境外的发展历史 / 019

（二）分红险在我国的发展轨迹 / 021

第二章　分红险的关键概念和底层逻辑

一、保险产品体系中的分红险 / 027

（一）人身险及其分类 / 027

（二）普通型人身险与创新型人身险对比 / 029

二、什么是分红险 / 032

（一）分红险的定义 / 032

（二）分红险的特点 / 035

三、分红险的红利分配方式 / 038

（一）保额分红 / 038

（二）现金分红 / 041

（三）保额分红和现金分红，哪个更好 / 043

四、分红险的分类 / 045

（一）短期分红险 / 045

（二）中长期分红险 / 046

（三）长期分红险 / 047

五、分红险与万能险、投连险的区别 / 049

（一）万能险、投连险的定义及特点 / 050

（二）分红险与万能险、投连险对比 / 053

第三章　分红险的分红如何实现

一、分红险有保证利益 / 056

二、分红险的红利是如何产生的 / 059
（一）可分配盈余 / 059
（二）“三差益” / 061
（三）谁决定分红的多少 / 062
三、分红险的分红是如何实现的 / 065
（一）保险利益演示是透明的 / 065
（二）可分配盈余中至少 70% 要进行分配 / 069
（三）红利实现率是公开、透明的 / 070

第四章 分红险如何实现持续分红
一、“三差益”的作用 / 073
（一）利差益的作用 / 073
（二）死差益的作用 / 077
（三）费差益的作用 / 077
二、打平收益率与保险公司盈亏的关系 / 080
三、平滑机制：分红特储 / 081
四、如果保险公司破产了，分红险还能不能继续分红 / 085
（一）保险公司破产，分红险还能继续分红 / 085
（二）安邦保险集团案例 / 089
五、为什么 2023 年的分红实现率未达预期 / 092

第五章　如何选择分红险产品

一、选择分红险产品的九个维度 / 094
（一）产品类型 / 095
（二）回本时间 / 096
（三）历史红利实现率 / 096
（四）增值服务 / 099
（五）保险公司的风险评级 / 100
（六）红利来源 / 103
（七）红利的分配方式 / 105
（八）红利的领取方式 / 105
（九）保险合同中的重要提示 / 106
二、选择分红险产品时要关注三个重要的人 / 107
（一）分红险合同中三个重要的人 / 107
（二）分红险合同中对三个人关系的要求 / 110
三、分红险保单权益的归属 / 113
（一）红利和现金价值 / 114
（二）身故保险金 / 118
（三）年金和满期保险金 / 119

下编 分红险的实务应用

第六章 用分红险进行资产配置

一、三种账户实现投资均衡 / 125

（一）A 账户 / 126

（二）B 账户 / 127

（三）C 账户 / 127

二、针对不同类型客户的分红险资产配置 / 130

（一）理财产品客户 / 130

（二）定期存款产品客户 / 133

（三）基金产品客户 / 137

第七章 用分红险规划教育金

一、教育金储备要满足的要素 / 143

二、为何要用分红险来规划教育金 / 146

第八章 用分红险规划养老

一、我国的养老现状 / 148

（一）养老保险体系的“三大支柱” / 148

（二）影响我国养老金规模的因素 / 153

（三）我国养老金的现状 / 156
二、哪些人最需要做养老金规划 / 160
（一）重点人群 / 160
（二）社保养老与商业保险养老的区别 / 162
三、如何利用分红险规划养老金 / 163

第九章 用分红险平衡房地产投资中的风险

一、新形势下的房地产投资策略 / 166
二、分红险在资产配置中的作用 / 169

第十章 用分红险规避婚姻财富风险

一、我国的夫妻财产制度 / 172
（一）法定夫妻财产制 / 172
（二）约定夫妻财产制 / 179
二、婚姻财富风险防范及分红险在其中的作用 / 182
（一）婚前房产未规划，婚变分割难保全 / 182
（二）父母给“我”的钱，配偶也能分吗 / 186
（三）十年夫妻路，分手两茫茫 / 192
（四）分红险在婚姻财富风险防范中的作用 / 194

第十一章　用分红险实现家族财富传承

一、法定继承及其风险 / 197

（一）法定继承的继承人 / 198

（二）法定继承的流程 / 201

（三）法定继承中的常见问题 / 202

二、遗嘱继承及其风险 / 208

（一）遗嘱的形式 / 208

（二）遗嘱继承中的常见问题 / 209

三、提前赠与及其风险防范 / 213

（一）提前赠与的风险 / 213

（二）提前赠与风险的规避 / 216

四、如何更安全、妥当地进行家族财富传承 / 217

（一）通过家族信托进行家族财富传承 / 217

（二）巧用保单进行家族财富传承 / 217

第十二章　用分红险隔离家企财富风险

一、企业经营中的风险 / 221

（一）企业的分类及企业主的责任 / 221

（二）什么情况下个人要为企业债务承担连带责任 / 227

二、家企财富风险的隔离措施 / 234
（一）合法合规的企业经营措施 / 235
（二）调整企业架构 / 236
（三）家企资产混同风险的隔离措施 / 238
三、分红险及保险金信托在隔离家企资产混同风险中的作用 / 241
（一）保单在隔离家企资产混同风险中的作用 / 241
（二）用分红险保单隔离家企资产混同风险 / 244
（三）用保险金信托隔离家企资产混同风险 / 245

上编

分红险的基础知识

第一章　分红险为什么是大势所趋

近几年，我国的保险市场面临着内外部环境的剧烈变化。从外部环境来看，国民经济进入新常态，“资管新规”正式落地实施，银行存款、国债等无风险利率持续调整；从行业内部环境来看，保险产品的预定利率调整，监管部门在人身险领域推动“报行合一”的落实，取消银行网点与保险公司合作的数量的限制……

种种变化，都深刻影响着我国保险行业的发展，并与每一位保险从业者息息相关。斯宾塞·约翰逊说：“世界上唯一不变的就是变化本身。”我们随时随地处在变化的潮流之中。但不管市场环境如何变化，作为保险从业者，只要我们能明确变化的方向，找到合适的工具，就能从容应对变化，勇立时代潮头。

那么，我国保险行业未来的发展方向是什么？我们又该如何顺势而为呢？

一、利率走趋现状

（一）利率波动的表现

我国金融市场的利率呈现波动的趋势，具体体现在多个方面，比如贷款市场报价利率（LPR）不断下调，大额存单和国债的利率持续调整等。我们举例来详细说明。

比如，为了促进经济进一步发展，我国政府在2023年的多次相关工作会议中，明确了要让各类贷款产品的利率维持低位，并进一步下探。2023年5月，国家发改委、工信部、财政部、央行联合发布了《关于做好2023年降成本重点工作的通知》（发改运行〔2023〕645号），其中明确要求“推动贷款利率稳中有降。持续发挥贷款市场报价利率（LPR）改革效能和存款利率市场化调整机制的重要作用，推动经营主体融资成本稳中有降”。在2024年1月4—5日召开的工作会议中，央行提出“稳健的货币政策灵活适度、精准有效”，“注重新增信贷均衡投放，提高存量资金使用效率”，并明确“促进社会综合融资成本稳中有降”的目标。这与中央经济工作会议的要求相一致。

再比如，我国各家银行大额存单的利率在持续调整。

下表是近几年中国工商银行、中国农业银行、中国建设银行、中国银行四大国有银行三年期大额存单利率的变化情况。

四大国有银行三年期大额存单利率的变化情况

四大国有银行	2020年6月	2021年1月	2021年6月	2022年4月	2022年9月	2023年6月	2023年9月	2023年12月
中国工商银行	4.125%	3.9875%	3.35%	3.25%	3.10%	2.90%	2.65%	2.35%
中国农业银行	4.125%	3.9875%	3.35%	3.25%	3.10%	2.90%	2.65%	2.35%
中国建设银行	4.125%	3.9875%	3.35%	3.25%	3.10%	2.90%	2.65%	2.35%
中国银行	4.125%	3.9875%	3.35%	3.25%	3.10%	2.90%	2.65%	2.35%

资料来源：四大国有银行官网

我们可以发现，2022 年 4 月，我国四大国有银行的三年期大额存单利率都不低于 3.25%。如果再向前追溯两年，4.125% 的利率也是普遍存在的。但到了 2022 年 9 月，三年期大额存单利率已经调整为不高于 3.10%；2023 年 6 月又调整为不高于 2.90%；时隔三个月，继续调整为 2.65%；而到了 2023 年 12 月，三年期大额存单利率调整为 2.35%。这种情况不仅印证了我国利率波动的大趋势，也说明了我国金融市场的无风险利率在不断调整。

再比如，我国十年期国债的收益率也在一个逐渐收敛的区间内不断降低。尤其是近十年以来，我国十年期国债收益率的阶段性最高点在持续下降，且最低点水平也在逐步向下突破，2024 年降至接近 2% 的关口。

我国近20年十年期国债收益率的变化（%）

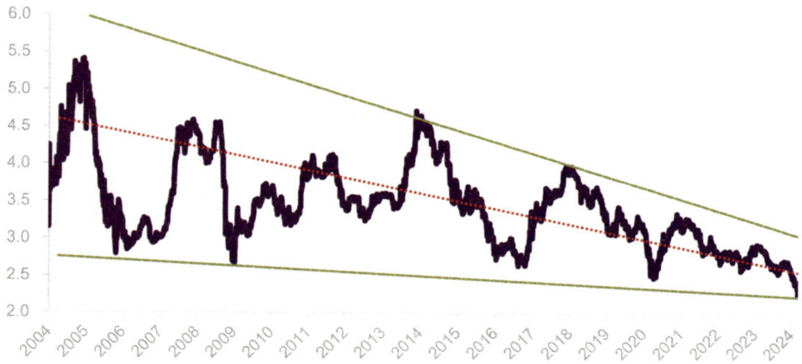

（二）利率波动的原因

我国利率之所以会持续波动，是多种原因导致的，比如经济增长进入常态化、人口老龄化、货币政策调整、国际利率环境影响等。下面，我们重点分析一下经济增长进入常态化以及人口老龄化这两个因素。

我国经济刚刚起飞时，我国政府经常通过银行存款的方式来集中社会资本，吸纳民间资金以投入经济建设，集中力量办大事。由于当时我国市场中整体资金规模有限，所以为了吸纳更多资金，促进经济快速发展，我国的银行存款利率曾一度达到10%以上。

近几年，我国经济经过了40多年的高速发展，增速进入常态化。目前，我国市场上的货币供应总量已经非常充足，银行自然就不需要再用比较高的利率来吸纳资金用于投资了。此外，在经济运行当中，利率高的影响主要有三个：一是多数人的消费意愿不强，更愿意把资金放在银行里，赚取更高的利息；二是会加大企业融资的成本，增大企业经营的难度，抑制企业的发展；三是会造成信贷需求的疲软，降低市场的活跃度。因此，为了适应我国经济增长进入常态化的现状，利率调整是必然结果。

此外，人口老龄化也会导致利率波动。首先，人口老龄化意味着劳动力的减少，其结果就是经济增长进入常态化。其次，人口老龄化也意味着借贷需求的下降，毕竟老年人的消费欲望要远远低于年轻人。

目前，我国正处于人口老龄化的加速期。根据国家统计局的数据，截至2023年末，我国65岁以上人口约2.2亿，约占全世界65岁以上人口的四分之一。因此，随着我国人口老龄化程度的加深，利率必然会波动。

我国老龄化程度不断加深（%）

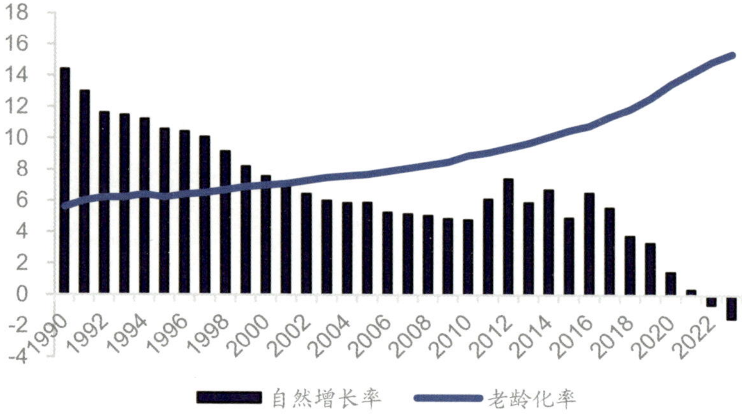

资料来源：海通证券《利率下行对保险公司经营影响几何？》

总之，我国的经济增长进入常态化和人口老龄化会是长期的趋势，这意味着，若没有特殊情况发生，未来我国的利率还会持续波动。

（三）利率波动会导致保险的投资回报降低

我们知道，保险资金通常会被投向两大类资产，分别是固定收益类资产和权益类资产。其中，固定收益类资产主要包括债券、非标资产和银行存款等，其主要作用是锁定长期且稳定的收益；权益类资产主要包括股票、基金和股权等，其主要作用是提升整体的长期收益。

2014年以来我国保险资金的资产配置结构

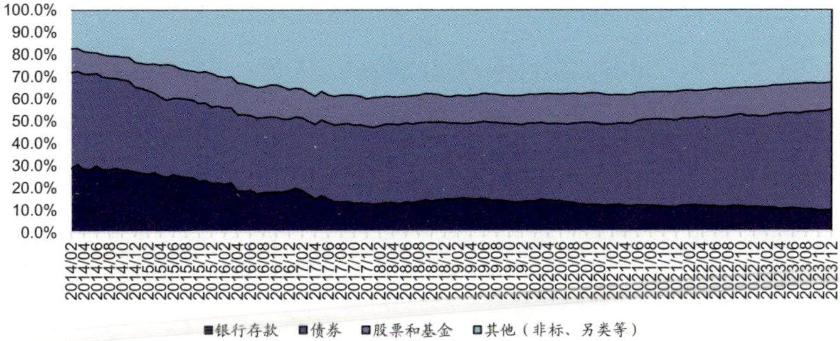

资料来源：海通证券《利率下行对保险公司经营影响几何？》

上市险企2023年资产配置结构

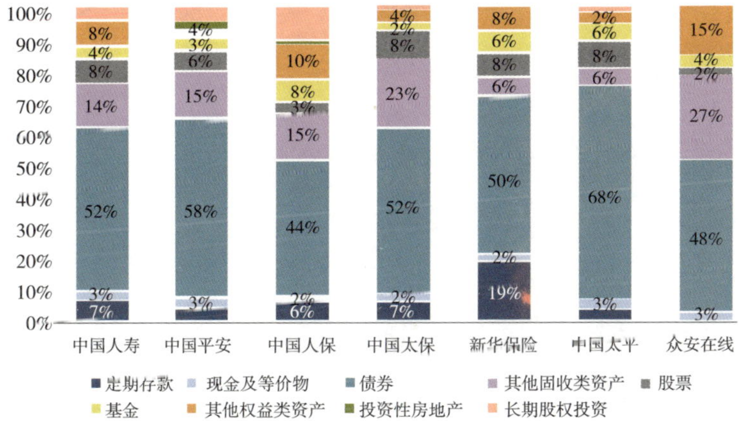

资料来源：龙格根据公开资料整理

我们可以发现，就我国保险资金的配置来说，主要以银行存款、债券、非标资产等固定收益类资产为主，而这类资产的收益水平明显会被利率水平影响。这意味着，随着我国利率水平的持续波动，固定收益类资产的收益会波动，相应的，保险公司的投资收益也会波动。下面这张图清晰地证明了这一点。

2016年以来我国保险公司净投资收益率的变化

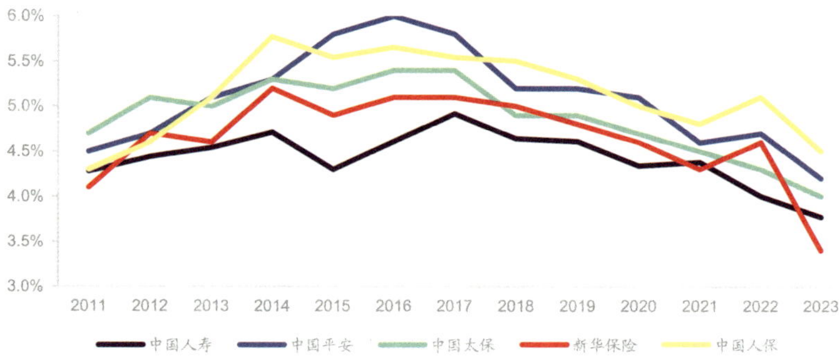

资料来源：海通证券《利率下行对保险公司经营影响几何？》

（四）保险预定利率调整

正如上文所述，随着利率波动，保险公司的投资收益也会波动，而这会进一步导致保险预定利率的调整。之所以这么做，是为了防止利差损的风险。

所谓利差损，简单来说，就是由于保险资金的投资运用回报率低于有效保险合同的平均预定利率，从而给保险公司造成的亏损。利差损是保险公司经营亏损的重要原因之一。因此，为了防止利差损的风险，随着利率调整，保险预定利率一定也会调整。

接下来，我们以日本保险业利差损的前车之鉴来进行说明。

如今，日本的保险业经过长期发展，在市场运营和制度监管上都已比较成熟。但在 1996—2000 年间，日本有 7 家寿险公司破产，其中不乏经营上百年的老牌保险公司。

下面这张表展示了这 7 家寿险公司破产时的部分情况。

日本寿险公司破产情况

公司名称	日产生命	东邦生命	第百生命	大正生命	千代田生命	协荣生命	东京生命
成立时间	1909年	1898年	1915年	1914年	1904年	1935年	1895年
倒闭时间	1997年	1996年	2000年	2000年	2000年	2000年	2000年
破产前资产总额(亿日元)	20609	28046	21885	2044	35019	46099	10150
破产后资不抵债额(亿日元)	3000	6500	3200	365	5950	6895	325
破产前预定利率(%)	5.5	4.79	4.46	4.05	3.7	4	4.2
破产后预定利率(%)	2.7	1.5	1	1	1.5	1.75	2.6

资料来源：上海保监局《日本寿险业破产潮危机对我国的借鉴和启示》

我们通过上表可以看到，这 7 家破产的寿险公司有一个共同特点：破产前，其保险产品的预定利率都保持在高位。而在经济下行时，高预定利率的保险产品会加大保险公司的利差损。

这 7 家寿险公司破产的时间恰好是日本经济低迷的时代。市场的低迷叠加高预定利率的沉重负担，使得这些寿险公司的利差损越变越大。而过大的利差损给保险公司的运营带来了极大负担，最终造成其破产。

为了在经济下行的情况下让保险公司能够继续经营，日本的寿险公司 7 次下调了预定利率。1976 年，日本寿险公司的预定利率为 5.5%，而到了 2013 年，其预定利率已降至 1%。通过多次下调预定利率，日本寿险行业的整体投资回报率才超过保险产品的预定利率，进而避免了利差损。

“他山之石，可以攻玉。”正是有鉴于日本及其他国家保险市场上的经验，我国的金融监管部门才针对当前国内保险行业的现状作出了调整，以保证我国保险行业发展得更加平稳。

我国金融监管部门实施举措的第一步就是调整保险产品的预定利率。虽然这种调整不会一步到位，会有一个持续的过程，但保险产品预定利率下行将是我国保险行业发展的必经之路。为了更好地说明这一点，接下来我们系统讲一下我国保险预定利率的发展历史。[①]

第一个阶段是1999年6月之前的高预定利率时代。在此阶段，我国保险的预定利率非常高，高峰时一度达到10%。如此之高的预定利率，给保险公司造成了巨大的利差损，以致在1997年11月，当时的保险监管部门中国人民银行下发了《关于调整保险公司保费预定利率的紧急通知》（银发〔1997〕465号），“将人寿保险业务的保费预定利率上下限调整为年复利4%至6.5%”。

第二个阶段是1999年6月—2013年8月的“2.5”时代。1999年6月10日，中国人民银行第七次降息，同日，刚成立不久的原中国保监会下发了《关于调整寿险保单预定利率的紧急通知》（保监发〔1999〕93号），规定寿险保单的预定利率不超过年复利的2.5%。这一规定持续了14年。

第三个阶段是2013年8月—2019年8月的相对高预定利率时代。2013年8月，原中国保监会发布了《关于普通型人身保险费率政策改革有关事项的通知》（保监发〔2013〕62号），规定8月5日之后，普通型人身保险的预定利率从2.5%上调到3.5%，并且，养老年金和长期年金险的预定利率最高可以达到3.5%的1.15倍，

① 吕征．中国保险预定利率简史（更新版）[EB/OL].（2024-08-16）[2024-09-20]. https://mp.weixin.qq.com/s/trE8o41_W-GJHUHH7fimpg.

M+
M–
C·CE
%
9
+

也就是我们经常听到的 4.025%。

第四个阶段是 2019 年 8 月—2024 年 9 月的预定利率持续下调时代。2019 年 8 月，原中国银保监会办公厅发布了《关于完善人身保险业责任准备金评估利率形成机制及调整责任准备金评估利率有关事项的通知》（银保监办发〔2019〕182 号），此前预定利率可高达 4.025% 的年金产品要下架停售，此后年金险的预定利率不得高于 3.5%。2023 年 8 月 1 日起，根据监管部门的窗口指导意见，预定利率为 3.5% 的人身险产品全部下架，此后保险产品的预定利率不得高于 3.0%。

2024 年 8 月 2 日，国家金融监督管理总局发布了《关于健全人身保险产品定价机制的通知》（金发〔2024〕18 号）。该通知明确要求，“自 2024 年 9 月 1 日起，新备案的普通型保险产品预定利率上限为 2.5%……；预定利率超过上限的普通型保险产品停止销售”。

第五个阶段是 2024 年 9 月之后的预定利率动态调整时代。《关于健全人身保险产品定价机制的通知》第三条规定：建立预定利率与市场利率挂钩及动态调整机制。预定利率的基准值将主要参考以下三个数据确定：5 年期以上 LPR、5 年定期存款基准利率、10 年期国债到期收益率。虽然相关的细则尚未出台，但可以看到，2024 年 9 月之后，我国保险的预定利率将进入一个新的时代。

我国保险的预定利率，已经经历了4个历史阶段，即将进入第5个历史阶段

第一阶段

1999年6月之前：高预定利率时代

在此阶段，我国保险的预定利率非常高，高峰时一度达到10%，以致1997年11月保险监管部门发文，将人寿保险业务的保费预定利率上下限调整为年复利4%至6.5%。

第二阶段

1999年6月—2013年8月："2.5"时代

1999年6月10日，中国人民银行第七次降息，同日，原中国保监会发文，规定寿险保单的预定利率不超过年复利的2.5%。这一规定持续了14年。

第三阶段

2013年8月—2019年8月：相对高预定利率时代

2013年8月，原中国保监会发文，规定8月5日之后，普通型人身保险的预定利率从2.5%上调到3.5%；养老年金和长期年金险的预定利率最高可达3.5%的1.15倍，即4.025%。

第四阶段

2019年8月—2024年9月：预定利率持续下调时代

2019年8月，保险监管部门规定年金险的预定利率不得高于3.5%；

2023年8月1日起，保险产品的预定利率不得高于3.0%；

2024年8月2日，国家金融监督管理总局下发文件规定：自2024年9月1日起，新备案的普通型保险产品预定利率上限为2.5%；10月1日起，新备案的分红险预定利率上限为2.0%，万能险最低保证利率上限为1.5%。

第五阶段

2024年9月之后：预定利率动态调整时代

2024年8月2日，国家金融监督管理总局下发文件规定：建立预定利率与市场利率挂钩及动态调整机制。预定利率的基准值将主要参考以下三个数据确定：5年期以上LPR、5年定期存款基准利率、10年期国债到期收益率。2024年9月之后，我国保险的预定利率将进入一个新的时代。

（五）浮动回报类保险产品重回主流

随着我国保险产品预定利率的调整，传统固定回报类保险产品的回报会降低，其对客户的吸引力也会逐步减弱。在这种大背景下，如果保险公司仍旧以传统固定回报类保险产品作为主打产品，就会限制公司业务的发展。由此可见，浮动回报类保险产品，尤其是“固定回报 + 浮动回报”类型的分红型产品，将逐渐重新占据市场主流。

事实上，根据这些变化，各大保险公司已针对分红险产品进行布局。《南方财经》报道：“面对市场的动态变化，中国平安、中国太平纷纷在中期业绩发布会上表示，预计明年分红险占比将超过 50%。中国太保同样表示，长期看来，未来的分红险产品目标占比会超过 50%。”中国人寿也表示，“在进行产品和业务转型的过程当中也会进一步加强长期分红产品的研发和投放”。①

监管部门对此也有所表示。2024 年 9 月 11 日，国务院发布了《关于加强监管防范风险推动保险业高质量发展的若干意见》（国发〔2024〕21 号）。这份重磅文件

① 孙诗卉．上市险企半年报观察①丨明年占比将超 50%！险企聚焦分红险，推广仍有痛点 [EB/OL].（2024-09-03）[2024-09-20]. https://m.21jingji.com/article/20240903/herald/764f57a3c189a86260acce88d201325a.html.

中明确写道：“推进产品转型升级，支持浮动收益型保险发展。”业内人士普遍认为，“浮动收益型保险”主要指的就是分红险。

而在此前的2024年8月2日，国家金融监督管理总局发布了《关于健全人身保险产品定价机制的通知》，其中第五条是：“鼓励开发长期分红型保险产品。对于预定利率不高于上限的分红型保险产品，可以按普通型保险产品精算规定计算现金价值。”这也被认为是在释放鼓励分红险发展的信号。

再从客户的角度来看。在无风险利率持续调整的情况下，他们需要这样一种产品：既可以保证资产的安全和保底回报，也可以在未来经济形势好转时获得更高回报，分享到经济发展的红利。分红险的特性，完美地契合了客户的这一需求。

总的来说，在监管部门的鼓励之下，供给侧（保险公司）将会加大分红险产品的开发及推广力度，需求侧（客户）对分红险产品也有迫切的需求，多方形成的合力，必将带动分红险在整个寿险产品市场上的发展。这是一个可见的趋势，也是我们正在走向的未来。我们只有主动积极地拥抱未来，才能把握行业机遇。

二、分红险在境内外的发展状况

（一）分红险在境外的发展历史

分红险并不是一个新鲜的事物，它有着悠久的发展历史。在全球保险市场中，分红险作为一类重要的产品，在保险行业发展中发挥着举足轻重的作用。

18 世纪，英国就诞生了类似分红险的保险产品。1776 年，英国公平人寿保险公司的威廉·摩根在做保险精算时发现，该保险公司的实际责任准备金数额很大，远远高于其为未来需要支付的保险金而储备的准备金，这意味着该公司利润丰厚。威廉·摩根建议公司将经营利润的一部分返还给投保人，公司也采纳了他的意见，拿出盈利的 10% 返还给投保人。这就是世界公认的最早的寿险分红，当时被称为“复归红利系统”。

英国的分红险采用的是保额分红的方式，到了 20 世纪，美国又产生了现金分红的分红险。此后，分红险作为一类重要的保险产品，逐渐进入各国保险市场。

时至今日，在世界很多国家和地区的保险市场中，分红险是最受欢迎的保险产品之一，占据着保险市场的主流地位。

下图显示的是 2001—2022 年美国个人年金总保费

中各类险种所占比例。①

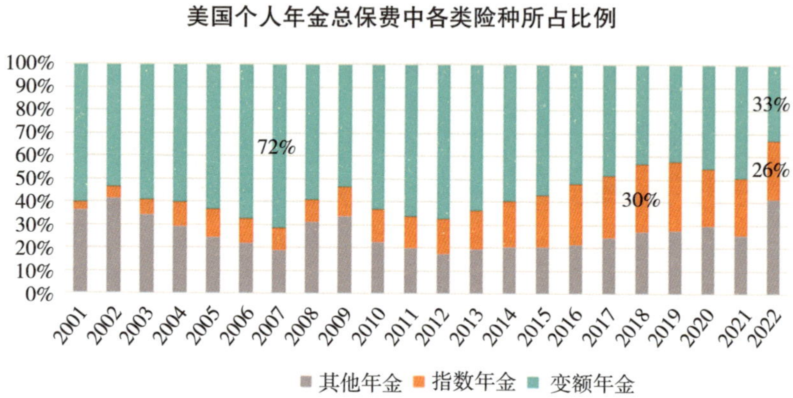

从图中我们可以看出，类似于分红险的预期回报类保险产品，比如变额年金、指数年金等，在各个年度，在美国个人年金总保费的占比均在 50% 以上。

我们再来看下面这张图。它显示的是 2014—2022 年新加坡保险市场中，每年新增保险业务中分红险、传统型保险和投连险的保费所占比例。②

---

① 太不平常研究中心．从国际经验看寿险行业产品发展：为什么分红险将成为新的主流？[EB/OL].（2023-08-07）[2024-09-20].https://mp.weixin.qq.com/s/g8JWByxAUpM7cRWNLhP-LQ.

② 资料来源同上。

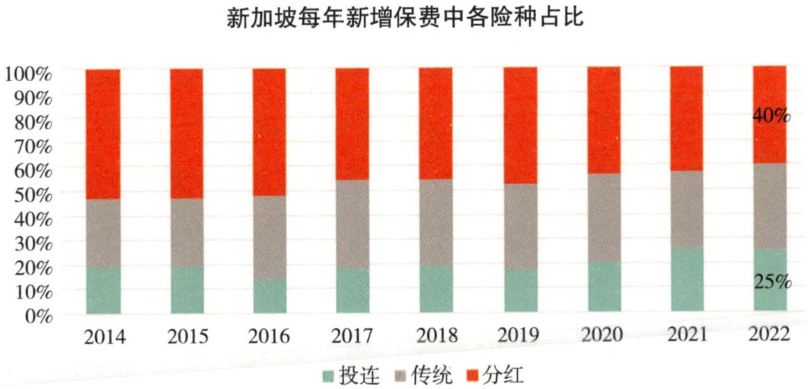

由上图我们可以发现，在近九年间，新加坡每年新增保险业务中，分红险的保费占比虽略有下降，但占比仍在 40% 以上，一直占有主导地位。

由此可知，随着我国保险市场与国际保险市场进一步接轨，分红险未来可期。

（二）分红险在我国的发展轨迹

在我国，分红险产品虽然出现时间较晚，但发展速度非常迅猛。

20 世纪 90 年代是我国保险行业发展的起步阶段，当时国内的保险市场以固定回报类保险产品为主。由于当时我国保险行业缺乏完善的精算制度，很多产品的预定利率很高，有的高达 8.8%。在经历多轮降息之后，保险公司的利差损非常大，使得我国金融监管部门不得不下调保险产品的预定利率。

2000 年 4 月，中国人寿保险公司推出了第一款分红险产品——国寿千禧理财分红保险，正式拉开了分红险在我国寿险市场大发展的序幕。到了 2002 年，分红险的保费收入占到中国人寿保险公司全部保费收入的一半以上。而在 2008—2012 年，分红险成了中国人寿保险公司的主打产品，其保费收入在中国人寿保险公司全年人寿保费收入的占比甚至一度超过了 70%。

“根据《2007 中国保险市场年报》，截至 2007 年末，投连险占寿险公司保费收入的比例为 8%，万能险占比 17%，分红险占 44.9%”，[①] 可以说，分红险一度占据我国整个寿险行业保费收入的半壁江山。

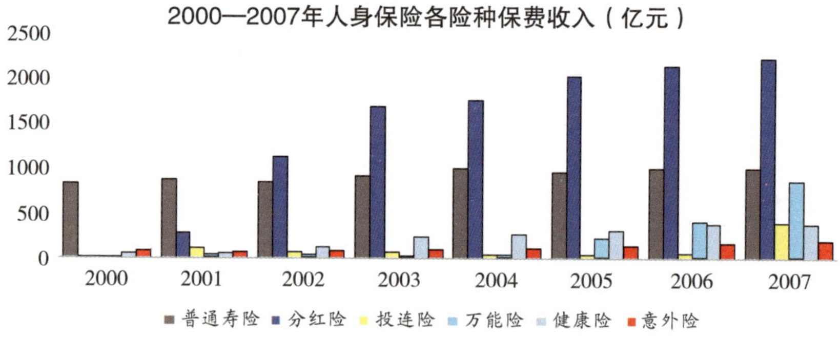

资料来源：海通国际《中国人身险保险产品变迁史与未来展望》

① 陈恳 . 迷失的盛宴 [M]. 天津：天津人民出版社，2024：87.

随后，因为 2008 年全球金融危机的影响，叠加新会计准则的实施，分红险更是一路“高歌猛进”，在寿险领域一家独大。“分红险保费收入从 2008 年的 3799.37 亿元增长至 2012 年的 7859.05 亿元，年均复合增长率约为 19.93%。”①

但在 2013 年 8 月，原中国保监会发布了《关于普通型人身保险费率政策改革有关事项的通知》，放开了对人身险预定利率 2.5% 的限制。此后，预定利率 4.025% 的年金险搭配保证利率更高的万能险成为市场的新宠儿。当时我国的很多保险公司，比如太平洋保险公司、新华保险公司等，把销售的主流产品从分红险转变成了年金险搭配万能险。

2013—2016年万能险在寿险中占比变化

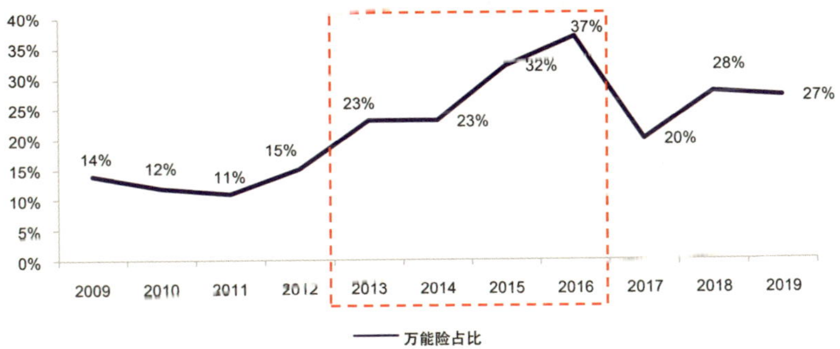

资料来源：海通国际《中国人身险保险产品变迁史与未来展望》

① 孙婷，Wangjie OU. 风传花信，雨濯春尘——中国人身险保险产品变迁史与未来展望 [R]. 海通国际 .2022：16.

2017 年 5 月，原中国保监会发布了《关于规范人身保险公司产品开发设计行为的通知》(保监人身险〔2017〕134 号，简称“134 号文”)，要求“两全保险产品、年金保险产品，首次生存保险金给付应在保单生效满 5 年之后，且每年给付或部分领取比例将不得超过已交保费的 20%”，限制了中短存续期万能险的发展。这一监管措施的出台，让我国各家保险公司又开始转战分红险业务，分红险的销售有所回暖。

2019 年，我国的金融监管部门开始逐步调整对保险行业的监管政策。原中国银保监会办公厅 2019 年 8 月 23 日印发的《商业银行代理保险业务管理办法》，2019 年 8 月 30 日印发的《关于完善人身保险业责任准备金评估利率形成机制及调整责任准备金评估利率有关事项的通知》，宣布预定利率 4.025% 的保险产品正式退出保险市场，普通型人身保险产品预定利率上限为 3.5%。随后，我国各家保险公司开始陆续推出 3.5% 预定利率的增额终身寿险。该类产品的利益以现金价值作为主要体现形式，结构简单，销售难度低，逐步成为各家保险公司的主流销售产品。当固定回报类产品能够基本满足客户的心理预期时，回报存在不确定性的分红险产品的销售自然产生了阶段性回落。

2023 年 8 月，我国金融监管部门再次将保险产品的预定利率上限调整为 3.0%，预定利率 3.5% 的保险产品纷纷下架。2024 年 8 月 2 日，国家金融监督管理总局发布了《关于健全人身保险产品定价机制的通知》，将普通型保险产品预定利率上限调整为 2.5%。这说明，我国金融监管部门在严防利差损的风险。而随着预定利率的调整，我国各大保险公司又开始重新将分红险产品设定为主打产品。

总之，在我国利率持续波动的大背景下，再结合分红险在国际市场和我国市场中的发展历史，我们可以预测，分红险代表着未来一段时间的潮流趋势，是大势所趋。保险从业者只有紧跟潮流，顺势而为，才能立于不败之地。

第二章 分红险的关键概念和底层逻辑

1982 年人身险在国内正式恢复，国内保险市场的人身险产品经历了多次变化。

第一个阶段，从 1982 年到 1998 年，是简单寿险产品时期，该阶段人身险的产品形态相对简单；第二个阶段，从 1999 年到 2012 年，是新型人身险产品时期，保险公司在此期间开发了投连险、万能险、分红险等新型保险产品；第三个阶段，从 2012 年到 2019 年，是健康险和万能险更迭时期，健康险和万能险在此期间得到了快速发展；第四个阶段，从 2020 年以后，是健康险、养老险、增额终身寿险等产品争相发展的时期。[①]

不同阶段出现的保险产品，大大丰富了保险产品的种类，满足了不同时期人们不同的保障和理财需求。

接下来，我们就看看分红险在我国保险产品体系中的位置，深入了解分红险是怎样一种保险产品。

---

① 孙婷，Wangjie OU. 风传花信，雨濯春尘——中国人身险保险产品变迁史与未来展望 [R]. 海通国际 .2022：1—2.

一、保险产品体系中的分红险

（一）人身险及其分类

我们先来了解什么是人身险。人身险是以人的寿命和身体为保险标的的保险。在人身险中，投保人按照合同约定向保险公司交纳保费，当被保险人在合同期间发生死亡、伤残、疾病等保险事故或达到合同约定的年龄、期限时，由保险公司依照合同约定承担给付保险金的责任。

按照不同的分类标准，人身险可以有不同的分类方式。按照保障责任划分，人身险可以分为四个类型，分别是人寿保险、年金保险、健康保险和意外伤害保险。每一类保险下面，又可以做更详尽的划分。具体可以参考下图（见下页）。[①]

按照设计类型划分，人身险又可以分为普通型人身险和创新型人身险。普通型人身险种类繁多，市场上热销的诸如重疾险、医疗险、增额终身寿险、年金险等人身保障类或固定回报类的保险产品，均属于普通型人身险。创新型人身险则是随着我国经济的发展、资本市场化程度的日益提高，在国内市场上出现的将保障和投资

---

① 吕征，谭啸．保险常识 100 问 [M]. 北京：电子工业出版社，2023：8.

融于一体的新型投资理财型险种，主要包括万能型保险、投资连结型保险和分红型保险等三种类型。

人身险的分类（按保障责任划分）

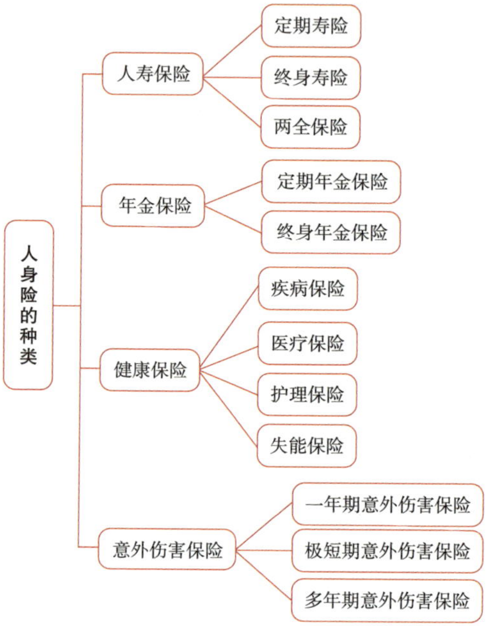

人身险的分类（按设计类型划分）

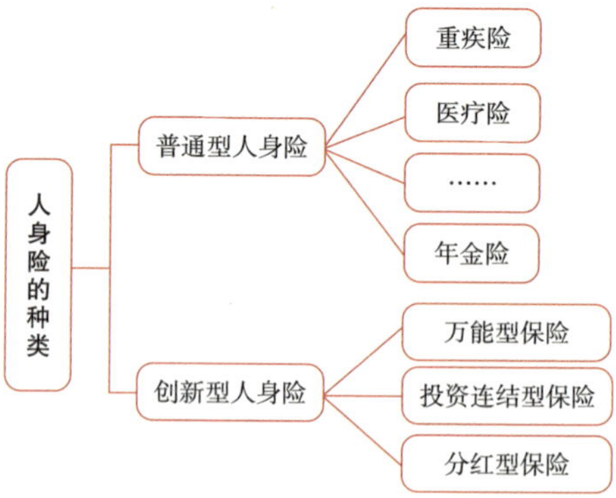

（二）普通型人身险与创新型人身险对比

那么，普通型人身险和创新型人身险又是什么样的关系呢?

首先，创新型人身险是在普通型人身险的基础之上设计出来的。2015 年原中国保监会发布的《分红保险精算规定》中规定："分红保险可以采取终身寿险、两全保险或年金保险的形式。保险公司不得将其他产品形式设计为分红保险。"也就是说，我国当下的分红险产品，其底层架构都是两全保险、年金保险和终身寿险。所以我们经常可以看到，分红险产品的名称往往是"××终身寿险（分红型）"、"××年金保险（分红型）"或"××两全保险（分红型）"。

在其他国家或地区，分红险也可以采用其他普通型人身险的底层架构来设计，比如在我国香港地区，很多分红险的底层架构是重疾险。

其次，创新型人身险和普通型人身险存在很大的区别，主要体现在以下四个方面。

第一，功能侧重不同。普通型人身险主要侧重于保障功能。比如，医疗险的作用是提供医疗费用保障；年金险可以提供稳定的现金流，为将来子女教育、养老等提供保障；定期寿险、终身寿险等人寿保险，更多是对人生命的保障；等等。而创新型人身险则主要侧重于投资理财功能。也就是说，虽然创新型人身险也兼具保障功能，但其核心功能是帮助客户实现财富的保值增值。

1999 年 6 月，原中国保监会发布了《关于调整寿险保单预定利率的紧急通知》，规定寿险产品的预定利率不得超过年复利 2.5%。这一规定导致普通型寿险产品对客户的吸引力降低，产品销售面临困难。为了应对这一形势，国内各家保险公司参考、学习欧美国家的经验，纷纷推出了创新型人身险产品。其中，最具代表性的有三家：1999 年 10 月，中国平安推出了投资连结型保险；2000 年 4 月，中国人寿推出了分红型保险；2000 年 8 月，中国太平洋保险向市场投放了万能型保险。

第二，保单利益的确定性不同。普通型人身险属于偏固定回报类的产品，对保险事故发生后保险公司应该给付多少保险金，保单在某一年度的现金价值是多少等，都明明白白、确定无疑地写在保险合同里。即使是像医疗险这种补偿型人身险，其保额是多少、报销比例是多少等，在保险合同中也都有明确的约定。

创新型人身险则不同，客户能够获得的回报存在不确定性。尤其是投连险，客户的回报跟投资账户的投资回报挂钩，不仅回报无法保证，还有可能发生亏损。分红险和万能险虽然有一定的保底回报，但最终客户获得的回报能比保底回报高多少，也存在不确定性。

第三，风险等级不同。就普通型人身险来说，无论是年金险还是增额终身寿险，因为保单利益都是在保险合同中明确约定的，所以其风险较低。一般金融机构会将普通型人身险划归为 R1 级风险产品，其风险系数与国债、50 万元以下存款属于一个级别。

创新型人身险的回报有一定的波动空间，既可能会高过预期，也可能会低于预期，所以很多金融系统会认定其风险系数更高。比如，一些金融机构会把分红险划归为 R2 级风险产品。

第四，保单利益结构不同。普通型人身险的利益结构非常简单，会在保险合同中直接体现，一般以现金价值、保险理赔金或年金为主。而创新型人身险的利益结构更加复杂。比如分红险，除保单利益外，还包括保单分红、累积生息等。分红险利益结构的相关内容，后面会有详细论述，这里就不展开了。

普通型人身险与创新型人身险的区别

类型 区别	普通型人身险	创新型人身险
功能侧重	侧重保障功能	侧重投资理财功能
保单利益的确定性	提供固定回报	提供固定+浮动回报 （投连险无固定回报）
风险等级	通常为R1级	通常为R2级
保单利益结构	现金价值、保险理赔金或年金	除普通型人身险的利益外，通常还包括其他利益

二、什么是分红险

（一）分红险的定义

2000年2月18日，原中国保监会发布了《关于下发〈分红保险管理暂行办法〉、〈投资连结保险管理暂行办法〉的通知》（保监发〔2000〕26号），同时印发了《分红保险管理暂行办法》。该《办法》对分红险进行了明确的定义。我们来看一下。

第二条　本办法所称分红保险，是指保险公司将其实际经营成果优于定价假设的盈余，按一定比例向保单持有人进行分配的人寿保险产品。

通过上述定义，我们不难发现，就分红险来说，红利来自保险公司实际经营成果优于定价假设的盈余。保险公司分红险业务的盈余可以称为“总盈余”。总盈余可以分成两部分：一部分是可分配盈余，一部分是未分配盈余。可分配盈余，就是给客户和股东进行分配的那部分盈余，其中给到客户的部分不得少于可分配盈余的70%；未分配盈余，就是总盈余扣除可分配盈余后剩下的那部分盈余，会进入分红保险特别储备（以下简称分红特储）。

保险公司分红险业务的盈余，来自利差（主要）、死差、费差、退保差和其他差产生的超额利润。

分红险红利来源示意图

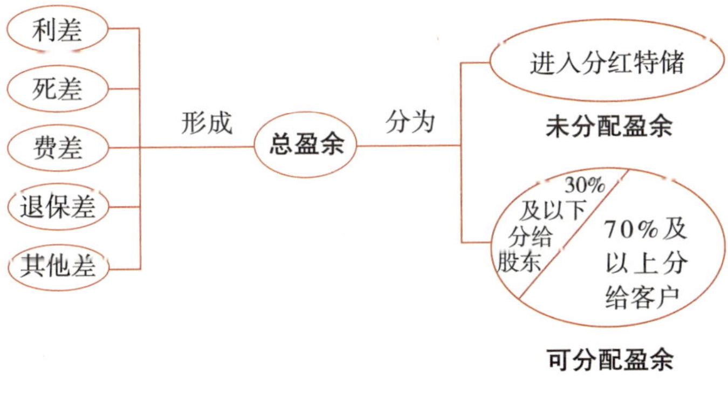

在实践中，究竟会用“几差”来进行分红，由保险公司自行确定。通常有以下四种情况。

第一，“单差”分红，即仅有利差参与分红。简单来说，就是总盈余仅来自保险公司实际投资收益优于预定假设的部分。

第二，“两差”分红，即死差 + 利差参与分红。“两差”分红是在利差的基础上，将死差损益纳入总盈余，即将当年保险公司的实际死亡赔付与预定死亡赔付的差额纳入总盈余。

第三，“三差”分红，即死差 + 利差 + 费差参与分红。“三差”分红是在利差和死差的基础上，进一步将费差损益纳入总盈余，即将当年保险公司运行的实际费用与预定费用的差额纳入总盈余。因为近年来我国各家保险公司的费用成本较高，因此，多数保险公司的分红险产品并未采用“三差”分红。

第四，“全差”分红，即所有超额利润均参与分红。也就是说，除利差、死差和费差外，也将退保差、其他差纳入总盈余。因为“全差”分红在国内运用场景极少，所以本书中不作赘述。

不过，“差”的数量对于实际分红水平的高低并没有绝对的影响，因为我国分红险产品的红利主要来自利差。

（二）分红险的特点

分红险有以下四个主要特点。

第一，分红险的保单持有人与保险公司共享利益、共担风险。关于这一点，我们来看一款分红险产品的说明书中的风险提示。

风险提示

本产品为分红型保险。保单持有人可以保单红利的形式享有保险公司分红型保险产品的盈余分配权。本产品的红利分配将随分红保险业务的实际经营情况发生变动，未来的保单红利为非保证利益，红利并非确定值，也可能为零。

资料来源：泰康丰盈两全保险（分红型）产品说明书

由此可见，所谓共享利益，就是保单持有人可以保单红利的形式享有保险公司一定比例的可分配盈余；所谓共担风险，就是红利分配会随保险公司的分红保险业务的实际经营情况发生变动，即红利并非确定值，有时多，有时少，有时甚至可能为零。

第二，保险公司的分红险产品与其他非分红险产品的资产独立运作、核算，专户管理。关于这一点，《分红保险管理暂行办法》有明确规定，具体如下：

第十条　分红保险、非分红保险以及分红保险产品与其附加的非分红保险产品必须分设账户，独立核算。

《分红保险精算规定》第十三条也重申了这一原则：

十三、保险公司应为分红保险业务设立一个或多个单独账户，单独账户应单独管理、独立核算。

第三，红利的分配不仅与保险公司的实际经营成果有关，而且与产品设计时的定价假设即预定利率也有关。正如上文所讲，分红险的红利来自保险公司的可分配盈余，而可分配盈余则取决于实际经营成果与定价假设的差额。简单来说，实际经营成果优于定价假设，才会有红利分配，反之则没有。

我们以“单差”分红的分红险为例进行说明。假设有两款分红险产品，一款的预定利率为2%，另一款的预定利率为1.5%，且这两款产品所在的分红险账户当年度的实际投资回报率都是4%；不考虑其他因素，且假定所有的利差益都作为当年度的可分配盈余，并以70%的比例分配给客户。那么，前一款产品的红利能达到1.4%，计算公式为：（实际投资回报率4% －预定利率2%）×分配比例70%；后一款产品的红利更高，为1.75%，计算公式为：（实际投资回报率4% －预定利率1.5%）×分配比例70%。

需要在此强调的是，分红险的利益既包括浮动的红利利益，也包括确定的保证利益。一般来说，预定利率更高的分红险产品，客户能得到更高的保证利益。因此综合来看，在实际投资回报相等的情况下，预定利率更高的分红险产品，客户能获得的综合回报（保证利益加上红利利益）也会更高。

第四，就现金分红的分红险而言，其红利的派发对象为保单持有人，即投保人，而非被保险人或身故受益人。关于这一点，我们来看下面这款分红险产品说明书中的规定。

二、红利及红利分配

本合同为分红保险合同，您享有参与分配我们分红保险业务可分配盈余的权利。在每一保险单年度末，若本合同有效且所有到期保险费已交纳，我们将根据分红保险业务的实际经营状况决定红利分配方案。**红利水平是不保证的，在某些年度红利可能为零。**我们在每一个保单年度，向您提供一份红利通知书，您可了解分红保险保单的相关信息。

本产品的红利来源于利差，即将分红保险业务的实际经营成果优于预定假设的盈余，按不低于70%的比例分配给投保人。

本产品红利分配方式为现金红利，即直接以现金的形式将盈余分配给投保人。

本产品红利实现方式包括直接领取、累积生息。

红利是按照每张保单的贡献度确定的，与分红保险业务的经营状况、投保时约定的保险期间、交费期间、被保险人的年龄、性别和保单年度等因素相关。我们的分红政策是以稳健经营、回报客户为基本原则，努力保持各年分红水平的可持续性和市场竞争力。

资料来源：泰康丰盈两全保险（分红型）产品说明书

但是在保额分红的分红险中，一般情况下，保单的红利最终会给到身故受益人或被保险人。

正因为分红险具备以上特点，所以相较于普通型人身险，比如定额终身寿险，分红险的投资理财属性更强。

相较于固定收益类人身险产品，比如增额终身寿险，分红险的分红会在保底的基础上有所浮动，因此客户最终获得的收益，既可能高于固定收益类人身险产品，也可能低于固定收益类人身险产品。

三、分红险的红利分配方式

分红险的红利分配方式包括保额分红与现金分红两种。接下来，我们就针对这两种红利分配方式，给大家做一个简单的介绍。

（一）保额分红

我们在第一章中讲过，最早的分红险源自英国，采用的是保额分红的方式，因此保额分红也被称为英式分红。

采用保额分红方式的分红险，每年产生的红利会增加到保额中。如果发生理赔或保险合同期满，由于红利的加持，保险金会有所增加；如果退保，红利将作为现金价值的一部分支付给投保人。所以，我们常说这类分红险是“会长大的保险”。

通常，保额分红由年度红利和终了红利组成（有的保额分红产品没有终了红利）。若保险公司经营情况良好，分红特储达到监管上限，或达到合同中约定的条件，比如保险合同期满等，还会有特别红利（有的公司称之为临时红利）进行分配。

由于采用保额分红方式的分红险增长的是保额，红利在赔付、保险合同期满或退保时才会给付，所以这类产品的资金流动性相对不高，更适合用于较长期的资产配置。当然，随着时间的流逝，这类产品也可以为客户提供更高的保障额度。

为了帮助大家更好地理解保额分红产品的利益呈现，我们以太平人寿的“鸿享金生终身寿险（分红型）”为例来进行说明。

由下表（见下页）可以看出，在第一个保单年度末，根据红利利益演示，这份保单可以获得6335元的年度红利，且该年度红利乘以一定的系数后，会加到保额中；保单的现金价值比保证利益演示的现金价值（无分红）高出了3615元（159515元－155900元）。关于保额与现金价值的比例关系，由于各保险公司的费率不同，因此需要具体参照各保险公司分红险产品的产品说明书，在此不作赘述。

示例一：

王女士，40 周岁，为自己投保了太平鸿享金生终身寿险（分红型），选择 3 年交费，年交保险费 50 万元，基本保险金额约 124 万元。她可获得的主要保单利益包括：

单位：人民币元

保单年度	被保险人年龄	年度保险费	累计保险费	保证利益			红利利益				
				身故保险金	公共交通意外身故保险金	现金价值	当年度红利	累积年度红利	身故保险金	公共交通意外身故保险金	现金价值
1	41	500000	500000	800000	1240900	155900	6335	6335	800000	1240900	159515
2	42	500000	1000000	1400000	1271923	417050	12610	18945	1407147	1278416	428284
3	43	500000	1500000	2100000	1303721	954000	18830	37775	2132061	1323625	983041
4	44	0	1500000	2100000	1336314	1175350	19110	56885	2163927	1376993	1229231
5	45	0	1500000	2100000	1369721	1399750	19400	76285	2196268	1432512	1485799
6	46	0	1500000	2100000	1403964	1433900	19690	95975	2229099	1490274	1544799
7	47	0	1500000	2100000	1439064	1468850	19985	115960	2262420	1550365	1606112
8	48	0	1500000	2100000	1475040	1504650	20280	136240	2296241	1612880	1669855
9	49	0	1500000	2100000	1511916	1541300	20585	156825	2330562	1677911	1736092
10	50	0	1500000	2100000	1549714	1578850	20895	177720	2365398	1745567	1804981
25	65	0	1500000	2274700	2244448	2274700	26085	531225	3248489	3158108	3248489
35	75	0	1500000	2910750	2873083	2910750	30255	814490	4821299	4688840	4821299
45	85	0	1500000	3725200	0	3725200	35090	1143025	7156561	0	7156561
55	95	0	1500000	4767950	0	4767950	40695	1524075	10623903	0	10623903
65	105	0	1500000	6101350	0	6101350	47205	1966045	15768197	0	15768197

资料来源：太平鸿享金生终身寿险（分红型）产品说明书

通过以上示例可以看出，保额分红产品更适合保单持有人长期持有该产品，以获得更高的保障保额。此外，保额分红的规则相对比较复杂，有些客户觉得难以理解，所以目前国内采用这种分红方式的保险公司并不多，主要是新华保险、太平保险及一些有英资背景的保险公司在采用。

（二）现金分红

对客户而言，现金分红相对比较容易理解，即直接采用现金的方式给付红利。保单持有人既可以按照合同约定定期以现金的形式领取红利，也可以将红利放在保险公司累积生息或抵交保费，具体取决于保险合同中是如何约定的。

由于现金分红最初出现于美国，因此也被称为美式分红。该红利分配方式也是我国大部分保险公司采用的。

通常情况下，现金分红有以下四种方式。

第一，直接领取现金红利。保单持有人可以依据保险合同约定的方式，直接领取现金红利。比如，当年度分配的现金红利为 300 元，保险公司可直接将该笔红利给付至投保人的银行账户。

第二，将红利放在保险公司以获取利息收入。保单持有人将红利放在保险公司后，既可以选择按照保险公

司公布的红利累积利率进行红利累积生息，也可以选择按照投保时约定的红利累积利率进行红利累积生息。

第三，用现金红利抵交续期保费。保单持有人可以在保险合同中约定，将每年要分配的现金红利用于抵交次年度续期保费。比如，当年度分配的现金红利为 300 元，次年续期保费为 1 万元，那么用现金红利抵交续期保费之后，次年续期保费仅需交纳 9700 元。

第四，用现金红利购买交清保额。该红利分配方式是依据投保人拿到红利时的年龄，用红利作为一次性交清的保费，以增加基本的保额。

目前，就我国的分红险产品而言，比较主流的现金分红方式是累积生息。对客户而言，这种方式相当于以复利的形式实现红利增值。此外，由于现金分红可以随时支取，所以对资金流动性有较高要求的客户比较青睐这种方式。

（三）保额分红和现金分红，哪个更好

很多人可能会问，到底是现金分红好，还是保额分红好。我们需要从多个维度来看待这个问题。

从保险公司的角度来看，由于现金分红对可投资资金的流动性要求较高，因此保险公司的资管压力较大，需配置一定的流动性资产来应对日常红利领取等给付需

求。为了保持一定的流动性，保险公司对中长期投资会更加谨慎。就保额分红来说，由于分配的是保额，对资金流动性的要求不高，因此保险公司的资管部门在对该类资金进行资产配置时，可以布局更多的中长期投资品种，远期回报更可观。

从销售人员的角度来看，保额分红产品除年度红利之外，一般还有终了红利。此外，若非被保险人身故或保险合同期满，累积保额红利在资产负债表中所呈现的，是当年度有效保险金额所对应的现金价值。这些内容较为复杂，销售人员向客户解释起来难度较大，也容易造成一定的销售误导风险。现金分红产品则相对简单，每年分红是多少，保单持有人就能领取多少；若不领取，还可以选择累积生息。因此，就现金分红产品而言，销售人员更容易向客户解释，客户也更容易理解。

从客户的角度来看，保额分红产品较为复杂，且流动性偏弱，而现金分红产品相对简单，有较高的流动性，所以大多数客户更青睐于现金分红产品。

四、分红险的分类

除了按照红利分配方式将分红险分为现金分红型和保额分红型外，按照交费期限和保障期限，业内一般还把分红险分为短期、中长期和长期三大类别。下面，我们来一一讲述。

（一）短期分红险

短期分红险一般采用两全险（分红型）的产品形态。目前，我国保险市场上很多趸交两全险产品，以及常见的连续交纳 3 年保费且保障有效期持续 6 年的保险产品（即业内常说的“交 3 保 6”产品），一般采用这种产品形态。

在我国，保险公司在每年 10 月至次年 2 月间，都会组织“开门红”活动，推出一系列新的保险产品。如果对近几年我国各家保险公司在“开门红”期间推出的趸交两全险产品做一个统计，我们会发现绝大多数是两全保险（分红型）产品。

目前，我国保险市场上“交 3 保 6”产品的类型相对比较少，其中人保寿险的“如意保两全保险（分红型）”算是一个比较有代表性的产品。此类产品的特点主要体现在保障期限短，最长为 6 年。此外，相较于趸交两全险，此类产品属于期交保险范畴，能满足客户中短期的资金配置需求。

（二）中长期分红险

中长期分红险大多采用中期年金险或两全险（分红型）的产品形态。这类产品的交费期限较短，通常为 3 年交、5 年交和 10 年交，保障期限多数在 10—20 年。比如，泰康人寿的经典产品“金满仓 B 款年金保险（分红型）”就是“交 5 保 10”的产品。

恒安标准人寿的“幸福悦享年金保险（分红型）”产品属于比较典型的中长期分红险。这款产品采用的是保额分红的方式，投保人可以选择趸交、3 年交或 5 年交，最长保障期限为 20 年。与我们常见的增额终身寿险产品相比，该产品的保障期限相对较短。此外，该产品自保险合同第 5 个合同生效日的对应日起，每年给付年金，且每过 5 年，年金给付的比例增加 10%；在保险合同的第 5 个合同生效日的对应日，更有特别生存金的给付。由于年金的给付比例递增，以及保额分红会增加有效基本保额，所以该产品给付的年金会呈现逐年递增的趋势。

大家人寿的“鸿欣福两全保险（分红型）”产品是现金分红型分红险。该产品的交费期限分为 3 年交、5 年交，保障期限为 15 年，期满后给付基本保险金额作为满期保险金。由于该产品是两全险（分红型），所以其保单利益体现在保险期内的现金价值增长、身故保险金、期满保险金以及每年的红利分配上。此外，由于该产品的红利分配方式是现金分红，所以保单持有期间可流动的资金便是累积红利。

上述两种保险产品都具备一定的功能性，比如强制储蓄、现金流补充、特殊时点的财务需求规划等。具体来说，在 3 年或 5 年的交费期间，客户可以通过期交方式积少成多，强制储蓄；而 15—20 年的保障期限，可以满足客户在不同人生阶段中的特殊财务需求，比如子女教育、子女婚嫁、养老等。

（三）长期分红险

目前市面上的长期分红险主要分为两类：一类是年金险（分红型）产品，另一类是增额终身寿险（分红型）产品。这两类产品都以保障终身为特点，主要为了满足客户的养老、资产保全、财富传承等财富管理需求，是非常典型的财富管理类产品。

泰康人寿的“长寿人生 A 款年金保险（分红型）”产品属于比较典型的年金险（分红型）产品。该产品每年给付基本保额的 10% 作为生存年金，同时每年进行现金分红，且分红与年金均可进入万能账户进行二次增值。

该产品可以为客户带来持续的现金流，满足其人生各个阶段的财务需求。具体来说，该产品既能满足客户的子女教育和婚嫁需求，也能满足客户个人的养老补充需求，还能兼顾未来的财富传承。

中信保诚人寿的“传富世家终身寿险 B 款（分红型）”产品属于比较典型的增额终身寿险（分红型）产品。该产品不仅具有增额终身寿险原有的高现金价值、现金价值稳步增长、可减保等特点，同时客户还可以享受保单额外的红利分配。从功能性来看，虽然该产品没有年金险持续、稳定的现金流，但客户可以通过减保和领取红利等方式，满足资金流动性的需求，比如个人或家庭大额支出的资金安排、子女海外留学教育的资金储备等。此外，由于该产品的身故保险金一般高于年金险（分红型）产品，所以其财富传承的功能更强。

五、分红险与万能险、投连险的区别

在上文中，我们提到了分红险与万能险、投连险均属于创新型人身险。那么，分红险与万能险、投连险有什么区别呢？在本章最后，我们对此进行系统讲解。

（一）万能险、投连险的定义及特点

首先，我们来了解一下万能险、投连险的定义和特点。

万能险是指包含保险保障功能并设立有保底投资账户的人寿保险。它具有以下四个主要特点。

第一，兼具投资和保障功能。万能险的一部分保费会被用于提供身故等风险保障。在扣除风险保费及相关费用后，剩余保费会作为账户价值，在投资账户中每月按照保险公司公布的万能账户实际结算利率进行增长，从而实现储蓄增值。

第二，交费灵活，收费透明。通常来说，万能险的投保人在交纳首期保费后，可以不定期、不定额地交纳保费。同时，与普通型人身险及分红险不同，就万能险来说，保险公司会向投保人明示所收取的各项费用。

以 2009 年阳光人寿财富双账户终身寿险（万能型）为例，其产品条款中明示了投保人可缓交期交保费。

4.2	期交保险费缓交	您交纳首期期交保险费后，如果个人账户价值扣除保单贷款本金及利息（按条款约定利率计算）后的余额足以支付本合同的**保障成本**以及本合同的附加合同《阳光人寿附加万能提前给付重大疾病保险 A 款》的保障成本，您可以暂缓交纳期交保险费，我们将从个人账户价值中收取保障成本，本合同继续有效。如果您暂缓交纳期交保险费，那么以后每次交纳期交保险费时，须按顺序依次交纳以前各期缓交的期交保险费，最后交纳当期应交期交保险费。所交的期交保险费分别归属到相应的保单年度。

资料来源：阳光人寿财富双账户终身寿险（万能型）条款

通过上述表述，我们可以看出，投保人交纳首期期交保费后，如果个人账户价值扣除保单贷款本息后的余额足以支付主险以及附加险的保障成本，就可以暂缓交纳期交保费。可见，万能险的交费相对灵活。此外，万能险的保障成本、初始费用、部分领取与退保费用也会在产品条款或说明书中明示。

第三，灵活支取，保额可调整。万能险的账户资金在一定条件下可以灵活支取。同样以阳光人寿财富双账户终身寿险（万能型）为例，其产品条款明确说明，在犹豫期后，投保人可以申请部分领取账户价值。

需要特别提醒的是，在2017年之前，两全险和年金险产品并没有领取比例的限制，但随着2017年原中国保监会发布的《关于规范人身保险公司产品开发设计行为的通知》的落地，各保险公司在设计人身险产品时需回归保险本源。因此，就年金类和两全类万能型产品来说，每年部分领取比例不得超过已交保费的20%。

此外，投保人可以申请变更万能险产品的基本保额。按照某产品条款的约定，投保人在变更基本保额时，需满足下页图片中所示条件。

（3）申请变更基本保险金额

本合同有效期内，经我们同意，您可以变更基本保险金额。

① 申请增加基本保险金额

您可以向我们申请增加基本保险金额，但每个保单年度最多只能申请 1 次。

在申请增加基本保险金额时，必须同时满足以下条件：

- 本合同生效满 1 年；
- 在被保险人 65 周岁的保单周年日之前申请；
- 以前各期和当期应交期交保险费均已交纳或已交满 20 年期交保险费。

在申请增加基本保险金额时，您必须按照我们的规定提供被保险人的健康声明书、体检报告书及其他相关证明文件。

经我们审核同意后，增加的基本保险金额从下一个结算日的零时起生效。

② 申请减少基本保险金额

在本合同生效 1 年后，您可随时向我们申请减少基本保险金额，但每个保单年度最多只能申请 1 次。

经我们同意后，减少的基本保险金额从下一个结算日的零时起效力终止。

资料来源：某万能型保险条款

第四，通常会设定最低保证利率，定期结算投资回报。万能险产品会为投资账户提供最低回报保证，且投保人可以与保险公司分享最低保证结算利率以上的投资回报。目前，国内各保险公司每月会在官网公布上个月的万能账户实际结算利率。

投连险是指包含保险保障功能并至少在一个投资账户拥有一定资产价值的人寿保险。投连险具备上述万能险的第一、第二项特点，但也有所不同。

首先，投连险的灵活性高，其账户资金可自由转换。由于投连险通常具有多个投资账户，且不同投资账户具有不同的投资策略和方向，因此，投保人不仅可以根据自身偏好将用于投资的保费分配到不同的投资账户，也可以根据合同约定调整不同投资账户间的资金分配比例，还可以随时支取投资账户中的资金。

其次，投连险通常不设定最低保证利率。就投连险而言，其投资回报可以在账户的价格波动中反映出来。若具体投资账户运作不佳或随股市波动，投入该投资账户的投资回报可能会出现负数。目前，我国的保险公司通常在每个交易日都会公布相应投连险的账户价格。

（二）分红险与万能险、投连险对比

分红险和万能险、投连险主要有以下六个方面的区别。

第一，回报来源不同。分红险的回报主要来源于"三差益"，即利差益、死差益和费差益。万能险和投连险的回报则来源于投资组合的收益。

第二，回报的确定性不同。分红险有专户管理，但不设立单独的投资账户，有一定的固定回报，红利部分则具有不确定性。万能险设有独立的投资账户，具有一定的保底利率（根据监管要求，2024 年 10 月 1 日起新备案的万能险产品，其最低保证利率的上限为 1.5%），浮动回报部分具有不确定性。投连险同样设有独立的投资账户，但没有保底利率，全部回报都具有不确定性。

第三，回报分配方式不同。分红险以分红的方式分配回报，且根据《分红保险精算规定》的规定，分红险的红利分配比例不得低于可分配盈余的 70%。万能险以将投资回报折算为账户结算利率的形式分配回报。投连险以保单投资账户价值金额的形式分配回报。

第四，交费灵活性不同。在交费方面，分红险与普通型人身险一样，没有弹性，灵活性较差。万能险和投连险的交费则相对灵活。

第五，透明度不同。分红险的透明度较低，保险公司不向客户说明资金运作情况，只告知保单持有人获得多少红利，并通过官网公布红利实现率。万能险的透明度适中，保险公司会定期公布回报率。投连险的透明度较高，保险公司会经常公布投资资金的运作情况、保费的用途、投资策略等。

第六，投资风险不同。由于分红险和万能险均有固定回报，所以其投资风格更加稳健，风险相对较低。而投连险没有固定回报，所以其投资风格可以更加灵活、激进，风险相对较高。

最后，我们通过以下表格再总结一下分红险和万能险、投连险的区别。

分红险和万能险、投连险的区别

区别＼类型	分红险	万能险	投连险
回报来源	“三差益”	投资回报	投资回报
回报确定性	有一定的固定回报，红利不确定	有一定的保底利率，浮动回报部分不确定	没有保底利率，所有回报都不确定
回报分配方式	分红	结算利率	账户价值金额
交费灵活性	不灵活	灵活	灵活
透明度	较低	适中	较高
投资风险	低风险	低风险	中高风险

第三章 分红险的分红如何实现

购买分红险时，我们一定会非常关心这样的问题：分红险的红利究竟是如何产生的？分红险又是如何实现分红的？本章我们就来深入讨论这些问题。

一、分红险有保证利益

首先我们要知道，分红险不仅有红利利益，还有保证利益。

在每一份分红险合同中，都会明确写上保险公司保证给客户的回报率，也就是我们常说的保底利率。这个回报率是由合同约定的，保险公司必须给客户。

客户把保费交给保险公司后，保险公司会进行投资，之后会出现两种情况：一种情况是保险公司的投资回报高于给客户承诺的保底利率，这时，保险公司自然要按照约定把回报给客户；另一种情况是保险公司的投资回报低于给客户承诺的保底利率，这时，保险公司就要自己出钱（或动用分红特储中的储备资金）补足差额部分。也就是说，不管保险公司的投资回报如何，都要把保证利益部分给客户。

很多人说分红险是一种“资金安全型产品”，这不仅是因为它的资金安全，还在于它能给客户一个确定的保底回报。

那么，分红险能给客户的保底回报是多少呢？

根据我国的监管规定，分红险的保底回报要高于0，低于预定利率。高于0很好理解，无须多讲；低于预定利率，是为了防范利差损风险。简单来说就是，如果分红险承诺的保底利率过高，而保险公司的实际投资回报又长期低于保底利率，那么保险公司就要长期亏损，从而危及保险公司的安全乃至金融市场的稳定。

近十年来，我国监管部门对分红险预定利率的规定大致如下。

2013年，原中国保监会发布了《关于普通型人身保险费率政策改革有关事项的通知》，规定“分红型人身保险的预定利率、万能型人身保险的最低保证利率不得高于2.5%”。

2015年，原中国保监会发布了《关于推进分红型人身保险费率政策改革有关事项的通知》（保监发〔2015〕

93号），其中规定：“对于开发的分红型人身保险产品预定利率不高于3.5%的，报送中国保监会备案；预定利率高于3.5%的，报送中国保监会审批。”

2023年，监管部门进行窗口指导，要求新开发的分红险产品的预定利率的上限为2.5%。

2024年，国家金融监督管理总局发布了《关于健全人身保险产品定价机制的通知》，其中规定：“自2024年10月1日起，新备案的分红型保险产品预定利率上限为2.0%……；预定利率超过上限的分红型保险产品停止销售。”

2013—2024年我国分红险预定利率的变化

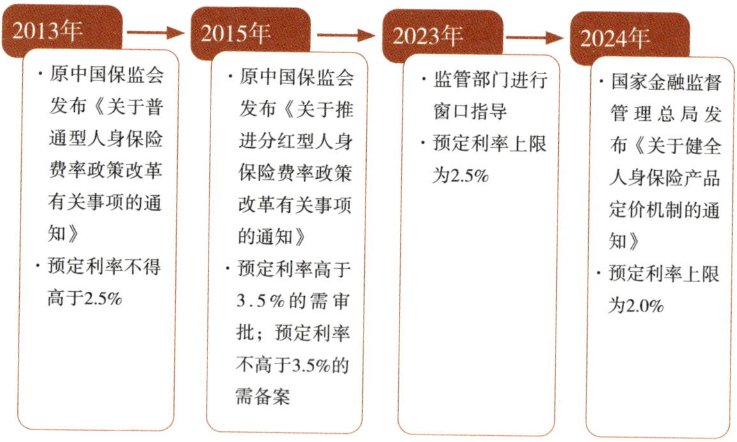

资料来源：根据公开资料整理

需要说明的是，分红险的预定利率并不是分红险保证利益部分的实际收益率，而是分红险保证利益部分实际收益率的上限。一般来说，一款分红险产品的保证利益部分的实际收益率，会低于该产品所采用的预定利率。

随着分红险预定利率的调整，我们可以看到，分红险的保证利益也在逐渐降低。对客户来说，不会只盯着分红险的固定回报，因为分红险的固定回报再高，也高不过固定回报类的保险产品。分红险对客户的吸引力，还在于能获得浮动回报，即红利利益。接下来我们就讲一下分红险红利的产生，以及如何实现分红。

二、分红险的红利是如何产生的

（一）可分配盈余

首先，我们来看下面这款分红险产品的条款。

1.5	保单红利	本合同为分红保险合同，您享有参与分配我们分红保险业务可分配盈余的权利。 在本合同保险期间内，我们每年根据分红保险业务的实际经营状况确定红利分配方案。**保单红利是不保证的。** 若我们确定本合同有红利分配，则该红利将于本合同的年生效对应日分配给您。每一保单年度，我们将向您提供一份红利通知书。 **本合同在效力中止期间不参与红利分配。** 本合同的保单红利的领取方式在保险单上载明。

资料来源：泰康长寿人生A款年金保险（分红型）产品条款

通过上述条款，以及第二章讲过的分红险的定义，我们可以知道，分红险的保单红利来自分红险业务的可分配盈余。那么，什么是可分配盈余呢？

根据中华人民共和国国家标准《保险术语》（GB/T36687-2018）中的定义，所谓可分配盈余，是指“在分红险合同中，保险人根据分红险业务实际经营情况确定的可以向保单持有人和保险人分配的盈余总和”。

在第二章中我们也介绍过，分红险业务产生的总盈余会分成两个部分：一部分是可分配盈余，一部分是未分配盈余。其中，可分配盈余是分配给客户和保险公司股东的那部分盈余。而在可分配盈余中，至少70%会给客户，剩余的部分则会给到保险公司股东。

有人可能会有疑问：未分配盈余是否就不分配给客户了呢？并非如此。未分配盈余会进入分红特储中，用于平滑每年的红利分配；一旦分红特储过高，保险公司就会将其释放出来，以特别红利或临时红利的名义分配给客户。

由此，我们可以梳理出这样一个逻辑链条：客户拿到的保单红利来自可分配盈余，可分配盈余来自保险公司经营分红险业务的总盈余，总盈余主要来自保险公司分红险业务的“三差益”——死差益、利差益和费差益。

接下来，我们就来详细了解一下“三差益”。

（二）“三差益”

所谓“三差益”，分别指死差益、利差益和费差益。

死差益，指的是保险公司某一保险业务的被保险人的实际死亡率低于预计死亡率时所产生的盈余。即死差益 =（预计死亡率 − 实际死亡率）× 风险保额。其中，风险保额就是保险公司真正承担的保障额度。

比如，如果保险公司预估某一保险业务的被保险人今年会有 10 人身故，也就是要赔付 10 笔身故保险金，但最终只赔付了 8 笔，那么比预估少赔付的身故保险金就是死差益。反之，如果这一年实际赔付了 12 笔身故保险金，那么比预估多赔付的身故保险金就是死差损。

利差益，指的是保险公司的实际投资回报率高于预计投资回报率时所产生的盈余。即利差益 =（实际投资回报率 − 预计投资回报率）× 责任准备金总额。所谓责任准备金，简单来说就是保险公司为确保未来如约履行赔偿或给付责任，从保费中提取的一笔金额。相关内容较为专业和复杂，本书不做讨论。

比如，如果保险公司的预计投资回报率为 2.5%，而实际投资回报率为 3.5%，那么这相差的 1% 所带来的回报就是利差益。反之，如果实际投资回报率为 1.5%，那么这相差的 1% 所带来的亏损就是利差损。

正如我们在前文所讲，利差益是可分配盈余最主要的组成部分，也是分红险红利的最主要来源。就单差分红的分红险产品而言，只有利差益参与分红。

费差益，指的是保险公司的各项实际运营费用低于预计运营费用时所产生的盈余。即费差益 =（预计费用率 − 实际费用率）× 保费。

比如，某保险产品预计运营费用要花费 2 亿元，但经过降本增效，实际运营费用只花了 1 亿元，那么这少花的 1 亿元就是费差益。反之，如果实际运营费用花了 3 亿元，那么这多花的 1 亿元就是费差损。

（三）谁决定分红的多少

根据《分红保险管理暂行办法》第十二条的规定，“保险公司每一会计年度向保单持有人实际分配盈余的比例不低于当年全部可分配盈余的 70%”。但是，具体的分红比例及分红金额是多少，并非仅由保险公司决定。

在设计分红险产品时，保险公司的诸如投资部门、精算部门、会计部门等多个部门会对红利分配方案进行核算；之后由IT部门开发红利分配系统，并由会计师事务所进行审计；审计通过后，交由金融监管部门核准，核准后方可发售。整个过程的核算和审核是非常严谨的。

除可分配盈余之外，保险公司在给保单持有人分配红利时，还会参考以下五种因素。

第一，客户的期望值。这一点应该比较容易理解，就是分红险的红利水平能否满足客户的预期，进而吸引客户购买。

第二，保单年度产生费用的高低等具体情况。比如，保单提前终止而退还现金价值所产生的资金运作费用，每年保单续期保费回收所产生的售后服务费用，等等。

第三，实际分配的红利和其他保险公司的同类产品相比是否有竞争力。保险公司会密切关注同业同类产品的分红情况，并通过一些方法进行一定范围内的调整。

第四，实际分配的红利是否会超过当年分红保险账户的总额。分红保险账户作为保险公司的机密，需要进行单独核算，不过也需要向金融监管部门报备。具体要报备的内容详见下表。

XXXX账户分红保险盈余计算与分配表

（格式三）

	****年度	****年度
一、本期分红账户共有盈余		
——利差		
——死差		
——费差		
——其他差		
二、转回分红保险特别储备		
三、上一年度红利派发差异调整		
——保户保单红利调整		
——股东保单红利调整		
四、本期分红前共有盈余		
五、本期可分配盈余		
——本期保户保单红利		
——本期股东保单红利		
六、本期分红后的分红保险特别储备		
七、分红保险准备金余额		
八、分红保险特别储备余额与分红保险准备金余额的比值		

资料来源：《分红保险精算规定》附件

第五，实际分配的红利能否长期维持。分红险一般是中长期保险产品，因此在给客户分配红利时也要考虑长期性，尽量平滑波动，避免某一年红利分配特别多，某一年又“颗粒无收”。为此，分红险设置了特殊的分红平滑机制：保险公司赚得多时，未分配的盈余会进入分红特储中；保险公司赚得少时，就用分红特储来补充分红。关于分红险的平滑机制，我们会在第四章中详细讲述，这里不再赘述。

总之，保险公司的分红比例和分红金额并非仅由保险公司决定，还取决于国家金融管理机构的制度规定和管理要求，以及市场的具体情况。

三、分红险的分红是如何实现的

购买分红险产品的客户，一定非常关心分红险如何实现分红。那么，分红险究竟是如何实现分红的呢？

分红险的分红是通过以下三个方面来实现的。我们来看一下。

（一）保险利益演示是透明的

2020 年，原中国银保监会办公厅发布了《关于强化人身保险精算监管有关事项的通知》（银保监办发〔2020〕6 号），其中明确了保险公司用于分红保险利益演示的公式，具体规定如下：

二、保险公司用于分红保险利益演示的红利不得超过按以下公式计算的上限：

（V0 + P）× 利差水平 × 红利分配比例

其中：V0 指本保单年度期初红利计算基础对应的准

备金（不包括该时点的生存给付金金额）；P 指按红利计算基础对应的准备金评估基础计算的本保单年度净保费；红利分配比例统一为 70%。

在这个公式中，V0＋P 是分红的基数，有明确的计算方法；红利分配比例是固定的，统一为 70%；而利差水平，监管部门也有明确的规定。

2022 年，原中国银保监会印发了《一年期以上人身保险产品信息披露规则》（银保监规〔2022〕24 号），其中第八条明确规定了保险公司用于利益演示的利差水平，具体规定如下：

（四）利益演示

1. 以表格形式演示分红型保险产品各保单年度末的保单利益，表格中至少应当包括以下要素：

（1）各年度保险费及累计保险费；

（2）满期给付、身故给付、退保金等保证利益；

（3）当年度红利、累积红利等非保证利益。

采用增额方式分红的，可以在表格中演示终了红利，但应当特别说明终了红利的领取条件。红利累积生息利率不得高于产品评估利率。

2. 保险公司对分红型保险产品演示保单利益时，应

100
80
60
40
20
0

当采用保证利益演示和红利利益演示两档演示产品未来的利益给付，用于利益演示的利差水平分别不得高于 0、4.5% 减去产品预定利率。

3. 保险期间 10 年或者少于 10 年的，应当逐年演示各保单年度末的保单利益；保险期间大于 10 年的，应当逐年演示前 10 年各保单年度末的保单利益。

4. 利益演示应当用醒目字体标明该利益演示是基于公司的精算及其他假设，不代表公司历史经营业绩，也不代表对公司未来经营业绩的预期，保单的红利分配是不确定的。

5. 利益演示时，不得披露用于演示的分红型保险产品的投资回报率。

该规定要求保险公司在演示分红险保单利益时，应采用两档演示：一档是保证利益演示，利差水平为 0；另一档是红利利益演示，利差水平不得高于用 4.5% 减去产品预定利率所得的值。假设一款分红险产品的预定利率为 2.5%，则其最高利差水平应为：4.5% − 2.5% = 2%。这意味着，上述公式中的利差水平部分也是明确的。

既然年度期初红利计算基础对应的准备金、本保单年度净保费、利差水平、红利分配比例等因素都确定了，分红险的红利也就是透明的。这意味着各保险公司在进行分红演示时，不能用浮夸的方式向客户许诺不切实际的红利，进而杜绝了分红演示上可能存在的销售误导。

（二）可分配盈余中至少 70% 要进行分配

关于这一点，我们在上文引用了《分红保险管理暂行办法》第十二条。下面，我们再来看一下其他规定，并进行分析。

2015 年，原中国保监会发布了《关于推进分红型人身保险费率政策改革有关事项的通知》，作为该通知附件发布的《分红保险精算规定》中有如下规定：

> 十六、保险公司为各分红保险账户确定每一年度的可分配盈余时应当遵循普遍接受的精算原理，并符合可支撑性、可持续性原则，其中分配给保单持有人的比例不低于可分配盈余的 70%。

需要注意的是，可分配盈余的 70% 只是红利分配比例的底限，高于 70%，如 80%、90% 也是可以的。比如，当年度可分配盈余的 70% 较之过往年度的分红水平差距较大时，为确保分红水平的稳定性，保险公司会适当增加可分配盈余的分配比例，增加到 80%、90% 都是可能的。

（三）红利实现率是公开、透明的

我们首先来了解一下红利实现率。

所谓红利实现率，就是保险公司实际派发的红利金额与计划书演示的预期金额的比例。举例来说，假如保险公司当年演示的红利金额为 10 万元，而实际红利金额为 12 万元，则红利实现率为 120%；反之，假如演示的红利金额为 10 万元，而实际红利金额为 8 万元，则红利实现率为 80%。当产品的红利实现率大于或等于 100% 时，证明该产品的红利水平是符合预期的。

2022 年，原中国银保监会印发了《一年期以上人身保险产品信息披露规则》，其中明确规定了保险公司分红险产品的红利实现率的披露要求，具体规定如下：

第十条　保险公司应当于每年分红方案宣告后 15 个工作日内，在公司官方网站上披露该分红期间下各分红型保险产品的红利实现率。采用现金红利分配方式的，披露现金红利实现率。采用增额红利分配方式的，披露增额红利实现率和终了红利实现率。各产品红利实现率计算方法：

（一）现金红利实现率 = 实际派发的现金红利金额 / 红利利益演示的现金红利金额；

（二）增额红利实现率 = 实际派发的红利保额 / 红利

利益演示的红利保额；

（三）终了红利实现率 = 实际派发的终了红利金额 / 红利利益演示的终了红利金额。

保险公司在计算各产品红利实现率时，以 4.5% 减去产品预定利率为利益演示基础。

若同一产品对应不同账户，应当分别披露该产品不同账户下的红利实现率。除向投保人提供红利通知书和在公司官方网站披露红利实现率外，保险公司不得向公众披露或者宣传分红型保险产品的经营成果或者分红水平。

从上述规定我们可以看出两点：一是保险公司要定期在公司官网披露红利实现率，这有助于提高分红险的透明度；二是通过保险公司官方披露的红利实现率，客户可以清晰看到保险公司的分红险产品的分红能力，进而做出更理性的投保决策。此外，上述规定还明确了红利实现率的三种计算方法，分别是现金红利实现率、增额红利实现率、终了红利实现率。同时，保险公司在计算红利实现率时，应以 4.5% 减去产品预定利率为利益演示基础。

2024 年 8 月 2 日，国家金融监督管理总局发布的《关于健全人身保险产品定价机制的通知》中，对分红险的红利实现率有了新的规定："在披露红利实现率时，应当以产品销售时使用的演示利率为计算基础。"

目前，我国各家保险公司所披露的红利实现率都是客观、公正、有依据的，也是具有参考意义的。但需要注意的是，红利实现率是一个参考指标，并不代表保险公司未来分红的真实水平。

总之，分红险的保险利益演示是透明的，分红险至少 70% 的可分配盈余是必须分配给客户的，分红险的红利实现率是公开、透明的，这三个方面为分红险实现分红提供了综合性的支撑。

第四章 分红险如何实现持续分红

在上一章中，我们系统分析了分红险的红利是如何产生的，以及分红险是如何实现分红的。那么，究竟是什么样的机制让分红险能够实现持续分红呢？这恐怕是很多人想要了解的问题。此外，还有一个问题也是购买分红险产品的客户非常关注的，那就是如果保险公司破产了，分红险还能不能分红，自己的利益会不会遭受损失？在这一章，我们就来系统分析一下相关问题。

一、“三差益”的作用

前面我们讲过，分红险的红利主要来自利差益、死差益和费差益。下面我们就来看看，它们是如何让分红险能够实现持续分红的。

（一）利差益的作用

在利差、死差和费差中，利差最为重要。一般来说，各家保险公司的死差和费差的差异不会过于悬殊，对其经营状况的影响并不大。但是，利差的盈亏对一家保险公司经营状况的好坏却起着重要的作用。而且，利差益也是分红险红利的主要来源，影响着红利的多少，以及分红险的持续分红。

我们在上一章讲过，利差益的来源是保险资金在投资中产生的回报。因此，要理解利差益在持续分红中的作用，我们就必须先了解保险资金的投资范围。

在过去 20 多年的时间里，我国保险资金的投资范围一直在拓展。1995 年以前，我国保险资金的运用形式仅限于银行存款。1995 年，我国颁布了《保险法》，其中规定了“保险公司的资金运用，限于在银行存款、买卖政府债券、金融债券和国务院规定的其他资金运用形式”，之后，我国保险资金的运用形式逐渐增多。

2018 年，原中国保监会发布了《保险资金运用管理办法》（保监会令〔2018〕1 号），其中第六条对保险资金的运用形式做了如下规定：

第六条　保险资金运用限于下列形式：

（一）银行存款；

（二）买卖债券、股票、证券投资基金份额等有价证券；

（三）投资不动产；

（四）投资股权；

（五）国务院规定的其他资金运用形式。

保险资金从事境外投资的，应当符合中国保监会、中国人民银行和国家外汇管理局的相关规定。

当然，关于保险资金的运用，我国还有很多相关的规定及政策。我们来看下表，大致了解即可。

发布时间	发布部门	政策名称
2007年7月	原保监会	《保险资金境外投资管理暂行办法》
2016年6月	原保监会	《保险资金间接投资基础设施项目管理办法》
2018年1月	原保监会	《保险资金运用管理办法》
2020年5月	原银保监会	《关于保险资金投资银行资本补充债券有关事项的通知》
2020年7月	原银保监会	《保险资金参与国债期货交易规定》
2020年7月	原银保监会	《关于优化保险公司权益类资产配置监管有关事项的通知》
2021年11月	原银保监会	《关于保险资金参与证券出借业务有关事项的通知》
2021年12月	原银保监会	《关于修改保险资金运用领域部分规范性文件的通知》
2022年1月	原银保监会	《关于精简保险资金运用监管报告事项的通知》
2022年4月	原银保监会	《关于保险资金投资有关金融产品的通知》
2022年5月	原银保监会	《关于印发保险资金委托投资管理办法的通知》
2022年5月	原银保监会	《关于加强保险机构资金运用关联交易监管工作的通知》

资料来源：中南大风险管理研究中心，燕道数科《2024年中国保险发展报告》

总之，在过去20多年的时间里，我国保险资金的投资范围已从早期的银行存款、利率债、基金，逐步拓宽至信用债、股票、未上市股权、非标资产等多元化品类。

就国外保险市场的情况来看，在保险行业比较成熟的国家，保险公司是各大投资领域非常重要的参与者。就目前我国保险市场的情况而言，国家金融管理部门对保险资金的投资领域仍然做了一定的限制。但从长远来看，随着我国经济的发展、保险行业的日趋成熟，我国保险资金能够投资的领域会越来越宽广。

保险资金投资范围的扩大，使保险资金的配置渠道进一步得以完善，为保险公司分红账户的资本运作增添了更多的活力，也为分红险带来了发展契机。通过保险公司集合资金运作，借力专业投资团队，不仅可以实现更灵活的投资组合配置，分散投资风险，还可以增加分红险的浮动回报。

2024年10月，分红险的预定利率进一步调整，从2.5%调整至2.0%。这意味着，保险公司的利差损风险会降低，利差益的空间随之扩大。

总之，保险资金投资范围的扩大，以及预定利率的调整，使利差益得以不断增加。而利差益的增加，会更好地让分红险实现持续分红。

（二）死差益的作用

实际发生的风险率低，保险公司需要赔付的保险金更少，就可以获得死差益。在分红险的设计中，保险公司的定价假设一般较为保守。比如，分红型保险设计时预估的风险发生率，会高于普通型人身保险设计时预估的风险发生率。由此一来，就产生了分红险的死差益。

在 2024 年国务院发布的《关于加强监管防范风险推动保险业高质量发展的若干意见》中，提到要“健全产品定价机制，强化精算技术运用”，“提高产品定价精确性。强化保险业基础数据治理和标准化建设，推动与相关行业数据共享”。随着保险精算技术和能力的加强，保险公司对于风险发生率会有更准确的评估，从而为实现死差益打下良好的基础。

而且，从长远来看，保险公司经营的是“风险”，这是保险公司与其他金融企业最本质的区别。因此，做好风险管理，从中获得死差益，才是保险公司立足金融市场、为客户创造价值的根基。

（三）费差益的作用

2024 年 1 月，国家金融监督管理总局办公厅下发了《关于规范人身保险公司银行代理渠道业务有关事项的通知》，其中要求“督促保险公司严格执行经备案的保险条

险资

款和保险费率”，即保险行业内常说的“报行合一”。该通知要求我国各保险公司应“科学审慎设计产品”，“银行代理渠道销售的产品在备案时，应当在精算报告中明确列示各交费期附加费用率和附加费用率结构”。同时，对责任落实、费用真实性管理、严格规范支付佣金、加强回溯分析、发挥内部审计监督作用、加强非现场监管、加强现场检查、发挥自律组织和基础设施作用等，该通知都做了要求和指导。

“报行合一”的实施，主要是为了规范、限制保险公司的手续费率，降低营销成本和产品成本，从而降低各家保险公司，尤其是人身保险公司的费差损。而当费差损逐渐缩小，乃至产生可观的费差益时，分红险的持续分红将能够更好地实现。

由上述分析我们可以看出，无论是我国的金融管理机构，还是各家保险公司，都在通过各种政策手段、市场手段、技术手段来确保利差益、死差益和费差益的增长。这些都为分红险实现持续分红提供了强有力的保障。

二、打平收益率与保险公司盈亏的关系

保险公司对保险资金的投资和个人投资理财不同。具体来说，保险公司因为有大量保险资金的沉淀积累，所以保险资金的使用会经历一个较长的周期。从一家保险公司的实际运作来看，只要在一定时期内，该公司保险资金的总体投资收益率能够达到一定的水平，就能确保该公司的经营不处于亏损状态。

若要评估保险公司的盈亏状态，我们就不得不了解一个概念——打平收益率，或称价值打平收益率。简单来说，打平收益率就是一家人寿保险公司的经营要达到其盈亏平衡点所需达成的保险资金投资收益率。打平收益率的计算公式为：打平收益率 =（总投资收益 − 母公司税前利润）÷ 年平均调整后总资产。

我们来看下面这张图（见下页），它显示的是2013—2022 年我国保险行业打平收益率的变化。

从该图我们可以得知，随着时间的推移，我国保险行业的打平收益率已经很低，到 2022 年时只有 3.21%。就个人投资而言，该收益率不算很高，较容易达成，而对拥有巨量资金和专业投资团队的保险公司来说，达成该收益率的难度就更低了。对保险公司来说，只要其保险资金的收益率能够达到打平收益率，产生利差损的风

资料来源：根据公开资料整理

险就会非常低。我们知道，当利差损的风险降低时，产生利差益的概率将随之增加，而利差益的增加会为分红险产品的持续分红提供保障。

三、平滑机制：分红特储

只要是公司，就有出现亏损的可能，保险公司也不例外。因此，有人可能会有这样的疑问：假如一家人寿保险公司今年盈利了，明年却出现了亏损，那么分红险还能分红吗？

针对上述可能出现的风险和不确定性，保险公司有一个重要的举措，那就是引入平滑机制。

我们首先来看《分红保险精算规定》中的相关规定。

十七、保险公司应对分红保险账户提取分红保险特别储备。

（一）分红保险特别储备是分红保险账户逐年累积的，其权益共同属于保单持有人和股东双方，用于平滑未来的分红水平。

（二）分红账户的分红保险特别储备等于该账户共同属于保单持有人和股东双方的盈余的累积值减去该账户已分配盈余的累积值。分红保险特别储备的计算方法应与十五条中盈余的计算方法保持一致。

十八、分红保险特别储备的规模应保持在合理的水平。保险公司在确定本期保单红利分配方案时，应测算本期分红后的分红账户分红保险特别储备的水平。

（一）本期分红后的分红账户分红保险特别储备的规模连续 2 年超过该账户准备金的 15% 的，超出的部分应作为当期可分配盈余予以释放。

（二）在红利计算和红利分配时，分红保险特别储备可以为负。本期分红后的分红账户分红保险特别储备为负并且规模超过该账户准备金的 15% 的，当期保单红利水平不得超过上期保单红利分配水平。

本条中所指准备金应与第十四条保持一致。本条中的相关时间期限自本规定实施之日起开始计算。

根据以上规定，我们可以得知，我国金融管理机构明确要求保险公司应提取分红特储，并将分红特储的规模保持在合理的水平。那么，我们应该如何理解这些内容呢？

我们来看下面这张图，它演示的是分红特储的运行机制。其中，红线代表保险公司发放的红利，蓝线代表保险公司的实际投资收益。

分红特储的运行机制

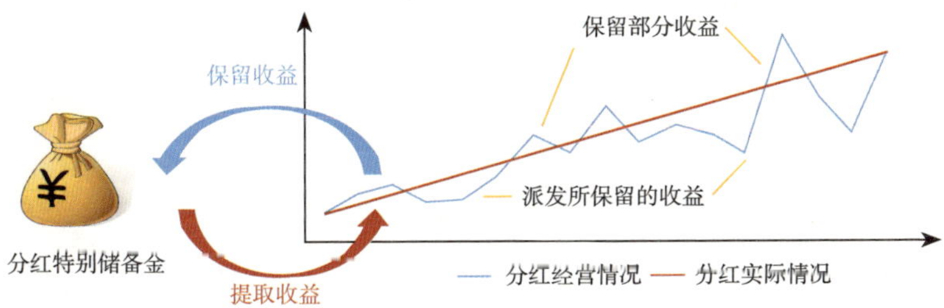

资料来源：根据公开资料重新绘制

由此可知，分红特储就是在保险公司经营状况较好的年份，将一部分投资收益储备起来，在保险公司经营状况不佳或亏损的年份，将储备的资金用于补充分红，以减少红利的波动。

根据上述规定，分红特储是“分红保险账户逐年累计的，其权益共同属于保单持有人和股东双方”。因此，即使在保险公司盈利较低，甚至亏损的情况下，分红特储的存在，也可以在一定程度上让保单持有人获得分红。

分红特储实质上是一种平滑机制，可以让分红水平处于一个较为稳定的状态，使保单持有人能够获得较为稳定的红利。同时，分红特储也可以增强保险公司的风险抵御能力，为其财务提供一定的缓冲空间，使其可以长期稳定运营。

有人可能会说，如果保险公司的投资收益一直很好，分红特储越积越多，而本可以分给保单持有人的红利却留在了分红特储中，那么保单持有人是不是吃亏了？

根据上述法条的规定，如果分红特储的“规模连续2年超过该账户准备金的15%”，超出的部分就必须“作为当期可分配盈余予以释放”。也就是说，如果保险公司的经营业绩优秀，致使分红特储的规模太大，保险公司就必须将其予以释放。换句话说，当客户购买分红险后，除了每年能拿到保证利益和红利利益，可能某一年还会突然得到一份特别红利。

总之，观察近20年我国保险行业的发展，我们可以得知，我国金融管理机构一直在不断扩大保险资金的投资领域，所以其实际投资收益是相当可观的，再加上分红特储的平滑机制，就能够让分红险更好地实现持续分红。

四、如果保险公司破产了，分红险还能不能继续分红

有一个问题也是很多人非常关心的，那就是：如果保险公司破产了，分红险还能不能继续分红？

（一）保险公司破产，分红险还能继续分红

我们首先来看一下《保险法》的相关规定。

第九十二条　经营有人寿保险业务的保险公司被依法撤销或者被依法宣告破产的，其持有的人寿保险合同及责任准备金，必须转让给其他经营有人寿保险业务的保险公司；不能同其他保险公司达成转让协议的，由国务院保险监督管理机构指定经营有人寿保险业务的保险公司接受转让。

转让或者由国务院保险监督管理机构指定接受转让前款规定的人寿保险合同及责任准备金的，应当维护被保险人、受益人的合法权益。

根据上述法条的规定，若经营有人寿保险业务的保险公司被依法撤销或宣告破产，会有新的保险公司接手，或由监管机构指定的保险公司接手。同时，在接手时，应当维护被保险人和受益人的合法权益。

有人可能会提出疑问,《保险法》仅仅规定了其他保险公司会接手破产保险公司的保单，并维护被保险人和受益人的合法权益，却没有明确保单是否会继续分红。

我们再来看一下《保险保障基金管理办法》的相关规定。

第二十二条　被依法撤销或者依法实施破产的保险公司的清算资产不足以偿付人寿保险合同保单利益的，保险保障基金可以按照下列规则向保单受让公司提供救助：

（一）保单持有人为个人的，救助金额以转让后保单利益不超过转让前保单利益的90%为限；

（二）保单持有人为机构的，救助金额以转让后保单利益不超过转让前保单利益的80%为限；

（三）对保险合同中投资成分等的具体救助办法，另行制定。

除人寿保险合同外的其他长期人身保险合同，其救助标准按照人寿保险合同执行。

保险保障基金依照前款规定向保单受让公司提供救助的，救助金额应当以保护中小保单持有人权益以维护保险市场稳定，并根据保险保障基金资金状况为原则确定。

根据上述法条的规定，若依法撤销或破产的保险公司的清算资产不足以偿付人寿保险合同保单利益的，保险保障基金可以按照相关规则向保单受让公司提供救助。比如，保单持有人为个人的，救助金额以转让后保单利益不超过转让前保单利益的 90% 为限。这意味着保险保障基金主要是针对受让保单的保险公司进行补助。而法条中所说的保单利益，按照《保险保障基金管理办法》第二十条的规定，是指“解除保险合同时，保单持有人有权请求保险人退还的保险费、现金价值；保险事故发生或者达到保险合同约定的条件时，被保险人、受益人有权请求保险人赔偿或者给付的保险金”，并未提及分红事宜。

既然《保险法》与《保险保障基金管理方法》中都没有提及保险公司破产后的分红问题，是否意味着保险公司破产后，分红险就不会继续分红了呢？答案是否定的。

其实，《保险法》第九十二条主要表明的是，即便保险公司破产，保单也不会作为清算资产，而是会有新的保险公司进行接手；《保险保障基金管理方法》第二十二条则表明，保险保障基金会对受让保单的保险公司进行救助，以降低其经营压力。而保单的分红并非保单本身的保证利益，实质上并不会对受让保单的保险公司带来额外的经营压力。

换个角度来看，若一家保险公司面临破产的情况，一定是其自身的经营能力与资金运作能力出现了问题，所以才需要进行资本重组或由经营情况良好的保险公司进行接管与保单受让。无论是资本重组，还是由经营情况良好的保险公司进行接管与保单受让，对于分红险账户的资本运作都会产生正向的引导作用，比如可以享有更多优质的投资标的、更好的投资团队、更好的公司运营制度与理念等，这些均有利于保单的继续分红。

也就是说，即使保险公司破产，需要进行资本重组或由经营情况良好的保险公司进行接管与保单受让，其分红险保单仍有可能继续分红。

（二）安邦保险集团案例

为了帮助大家更好地理解，我们以破产的安邦保险集团为例来进行说明。

2018年2月23日，原中国保监会发布公告，鉴于安邦保险集团存在违反《保险法》规定的经营行为，可能严重危及公司偿付能力，依照《保险法》第一百四十四条的规定，决定对安邦保险集团实施接管，接管期限自2018年2月23日起至2019年2月22日止。

实施接管以来，接管组稳步推进相关工作，有序处置风险，安邦保险集团经营保持稳定，经营能力逐步恢复，保险消费者及各有关方面合法权益得到有效保障。2019 年 2 月 22 日，为巩固接管取得的成果，积极推进安邦保险集团转入正常经营，依照《保险法》第一百四十六条的规定，原中国银保监会决定，将安邦保险集团接管期限延长一年，自 2019 年 2 月 23 日起至 2020 年 2 月 22 日止。①

2019 年 7 月，经原中国银保监会批准，中国保险保障基金有限责任公司、中国石油化工集团有限公司、上海汽车工业（集团）总公司共同出资设立了大家保险集团。

大家保险集团依法受让了安邦人寿、安邦养老和安邦资管的股权，并设立大家财险，依法受让安邦财险的部分保险业务、资产和负债。而安邦集团需要做好存量保单兑付工作，全面履行保险合同义务，切实保障保险消费者及各有关方面合法权益。重组完成后，安邦集团不再开展新的保险业务。②

---

① 国家金融监督管理总局 . 中国银保监会关于对安邦保险集团股份有限公司依法延长接管期限的公告 [EB/OL].（2019-02-22）[2024-09-20].https://www.cbirc.gov.cn/cn/view/pages/ItemDetail.html?docId=210787&itemId=925&generaltype=0.

② 国家金融监督管理总局 . 大家保险集团有限责任公司成立 [EB/OL].（2019-07-11）[2024-09-20].https://www.cbirc.gov.cn/cn/view/pages/ItemDetail.html?docId=4991&itemId=915&generaltype=0.

下表是受让安邦人寿原有保单的大家人寿所公布的2022红利年度各分红型保险产品的红利实现率。

大家人寿2022红利年度各分红型保险产品红利实现率

序号	产品名称	现金红利实现率
1	大家鸿泰两全保险（分红型）	121%
2	大家鸿丰两全保险（分红型）	121%
3	大家安享好家年金保险（分红型）	85%
4	安邦钟鼎两全保险（分红型）	60%
5	安邦民丰两全保险（分红型）	85%
6	安邦旭丰两全保险（分红型）	85%
7	安邦泰丰两全保险（分红型）	85%
8	安邦价值增长8号终身寿险（分红型）A款	85%
9	安邦保盈两全保险（分红型）B款	60%
10	安邦乐丰两全保险（分红型）	85%
11	安邦e言九鼎两全保险（分红型）	58%
12	安邦价值增长999号年金保险（分红型）A款	85%
13	安邦价值增长6号少儿两全保险（分红型）	85%
14	安邦价值增长2号年金保险（分红型）	85%
15	安邦安行天下终身寿险（分红型）	85%
16	安邦金管家年金保险（分红型）	56%
17	安邦价值增长1号两全保险（分红型）A款	85%

资料来源：大家保险官网

我们可以看出，接管安邦人寿原有保单的大家人寿继续进行着原有保单的持续运作，并按监管要求公布了红利实现率。从公布的数据来看，安邦人寿原有保单并未出现红利实现率为零的情况。这意味着，即便保险公司破产，在新的保险公司受让保单后，依然会根据实际的分红账户运作进行红利分配。

五、为什么 2023 年的分红实现率未达预期

通过学习前面的内容，有些人可能会有疑问：在 2022 年之前，行业整体的分红实现率大都不错，为什么 2023 年的分红实现率均未达预期呢?

最主要的原因是市场整体利率调整和经济增长进入常态化。此外，为了防范保险公司出现利差损风险，确保保险行业长期稳健发展，监管部门进行了窗口指导，对分红险实行了短暂的限高举措。

随着《关于健全人身保险产品定价机制的通知》中对于保险产品预定利率调整的落地，保险公司的利差损风险会进一步降低。同时，国家金融监督管理总局发布的最新数据显示，从 2024 年上半年险资不同资产配置余额同比变化来看，债券配置余额同比涨幅最大，股票

配置余额同比涨幅次之；从投资收益率来看，上半年险资年化财务投资收益率为 2.87%，年化综合投资收益率为 6.91%，较之 2023 年有明显改善。这意味着，2024 年的险资运用有更大的利差空间。

此外，在对保险产品的预定利率进行调整后，监管部门鼓励各家保险公司开发长期分红险产品。所以窗口指导只是短期行为，从长远来看，若保险公司具备分红能力，终将会长期回馈客户。

第五章 如何选择分红险产品

通过前面四章的讲解，大家应该已经大致了解了分红险的特性与各项机制，也明白了在如今的大时代背景下，分红险产品会受到越来越多客户的青睐。然而，挑选分红险产品并不是一件简单的事情。它需要客户从多个维度，并结合自身的情况和需求进行综合考虑。

接下来，我们就系统讲解一下选择分红险产品的维度、分红险合同的主体，以及分红险保单权益的归属，以帮助大家学会如何去甄选一款分红险产品。

一、选择分红险产品的九个维度

在选择一款分红险产品时，我们可以从以下九个维度来综合考量。

（一）产品类型

目前，我国市场上的分红险以两全险、年金险、终身寿险为主要险种形态，而在选择不同产品类型的过程中，需要考量的因素不同。

在选择两全险和终身寿险时，需要重点考量现金价值和身故保险金。一般而言，在相同年龄、相同保费的情况下，身故保险金越高，现金价值越高，意味着该分红险的费率越低，从资产配置角度来看性价比就越高。对于年金险而言，因其主要功能是现金流的补充，所以在相同保费的情况下，需要更多关注给付年金的多少。通常来说，保费越高，年金给付的金额就越高。

在选择分红型保险产品时，我们可以根据自身的需求来选择不同类型的产品。

具体来说，如果关注现金流的补充，建议选择年金给付比例更高的产品，用于日常现金流或个人养老金的补充。如果关注阶段性的财务需求，建议选择两全险，因为该类产品的现金价值通常比年金类产品更高，保单持有人可以通过保单贷款或退保的方式满足阶段性的财务需求，比如子女婚嫁金、家庭备用金等。如果关注人身保障，终身寿险则是最佳选择，因为该类产品以死亡为给付条件。尤其是保额分红产品，其每年的红利以增加保额的方式进行分配，可以逐年提高该类产品的身故保障额度，从而能更好地满足客户的保障需求。

（二）回本时间

从保单持有人的角度考虑，大多数人肯定希望自己购买的分红险，其保单现金价值加上红利，能够尽早超过累计所交保费。也就是我们平常所说的，回本时间越短越好。

回本时间短的好处在于，保单持有人可以尽早获得保单现金价值的流动性。这样的话，当需要应急资金时，保单持有人可以通过保单贷款或退保来获得足够的资金。需要注意的是，保单持有人也要关注保单现金价值和生存年金的增长情况。有一些产品，虽然其综合回报超过已交保费所需的时间相对较长，但能获得后期回报的快速增加。因此，在购买分红险时，我们需要根据自身的规划和预期来进行权衡。

（三）历史红利实现率

一款分红险产品的历史红利实现率的高低，也是一个值得关注的维度。一般而言，一款分红险产品的历史红利实现率越高，意味着其实际分红越高，保单持有人越有可能获得较高的红利回报。因此，投保人可以通过

查询分红险产品的历史红利实现率，来挑选产品和保险公司。不过，分红险产品的历史红利实现率只能作为参考，毕竟这一指标无法保证产品的未来红利回报一定是高的。

根据《一年期以上人身保险产品信息披露规则》的规定，“保险公司应当于每年分红方案宣告后15个工作日内，在公司官方网站上披露该分红期间下各分红型保险产品的红利实现率”。也就是说，对于我国各款分红险产品的红利实现率，基本都能在保险公司的官网上查到。

比如，下图是泰康人寿官网上的分红险红利实现率的查询页面。

泰康分红险的红利实现率的查询页面

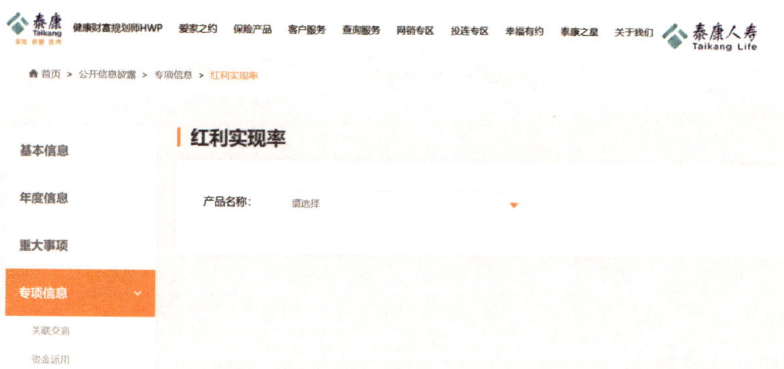

资料来源：泰康人寿官网（2024年）

需要再次提醒的是，在选择分红险产品时，不能只看历史红利实现率这一个指标，尤其是不能将其当成分红险配置的唯一考量要素。

（四）增值服务

在选择分红险产品时，除了考虑产品本身的回报，我们还可以考虑产品有哪些增值服务。通常，各家保险公司会针对客户提供各类增值服务，比如重疾绿通、家庭医生、生日礼遇、健康体检等。

当然，各家保险公司提供的增值服务也各具特色。比如，针对指定保险产品达到一定保费标准的客户，泰康人寿与太平人寿会提供养老社区服务；针对保费达到一定标准的客户，平安人寿会提供居家养老服务等高端养老服务。除高端医养服务外，泰康人寿会提供牙科检查服务，中国人民人寿会提供洁牙服务，阳光人寿会提供海外留学中介服务，中信保诚会提供海外医疗等各项服务。需要注意的是，各家保险公司的增值服务项目随时会进行增减，投保人可咨询对应保险公司的客服来获取最新信息。

总之，目前我国各家保险公司的增值服务项目各具特色，在选择分红险产品时，投保人要根据产品可以对接的增值服务项目，综合考虑最适合自己的产品。

（五）保险公司的风险评级

2024年3月18日，国家金融监督管理总局发布了《关于印发人身保险公司监管评级办法的通知》（金规〔2024〕4号），《人身保险公司监管评级办法》被正式印发。此后，国家金融监督管理总局及其派出机构，将“根据本办法对人身保险公司进行日常动态监测和风险预警，并每年对人身保险公司的整体风险状况进行一次监管评级”。

根据该《办法》的规定，“人身保险公司风险监测和监管评级要素包含公司治理、业务经营、资金运用、资产负债管理、偿付能力管理和其他方面六个维度”。国家金融监督管理总局及其派出机构“原则上每年对人身保险公司开展一次监管评级”；“评级期间为上一年1月1日至12月31日，应于4月30日前完成”。

此外，该《办法》还规定：

第十三条　综合风险水平等级评定采用权重法，总分值为100分。对六个评估维度的得分进行加权计算，加上特别得分（如有），得到人身保险公司风险综合得分，根据综合得分所属区间确定综合风险水平等级。

1. 各维度权重分配如下：公司治理（22%）、业务经营（14%）、资金运用（22%）、资产负债管理（14%）、偿付能力管理（14%）、其他方面（14%）。

2. 人身保险公司综合风险水平等级划分为1—5级和S级。评级结果为1—5级的，数值越大反映人身保险公司风险越大，需要越高程度的监管关注。具体评定标准为：（1）大于80分的情形，综合风险水平等级为1级；（2）大于75分小于等于80分的情形，综合风险水平等级为2级；（3）大于70分小于等于75分的情形，综合风险水平等级为3级；（4）大于60分小于等于70分的情形，综合风险水平等级为4级；（5）小于等于60分的情形，综合风险水平等级为5级。

正处于重组、被接管、实施市场退出或风险处置进入实质性阶段的人身保险公司，经监管机构认定后直接列为S级。

此后，我国各家人身保险公司的风险情况将更加直观。该《办法》的具体规定如下：

第十九条 人身保险公司的监管评级结果是衡量人身保险公司风险程度的主要依据。

监管评级结果为1级，表示人身保险公司能够较好地管理各类风险，出现风险的可能性较低。

监管评级结果为 2 级，表示人身保险公司风险总体可控、水平较低，风险抵御能力良好，但存在一些薄弱环节，应当持续关注。

监管评级结果为 3 级，表示人身保险公司存在明显的风险隐患，风险抵御能力一般，应督促公司加强风险管理。

监管评级结果为 4 级，表示人身保险公司存在的问题较多或较为严重，需要立即采取纠正措施。

监管评级结果为 5 级，表示人身保险公司为高风险公司，需要限制高风险业务，压降风险敞口。

根据上述法条的规定，我们可以得知，监管评级为 1 级、2 级的人身保险公司，其经营更加稳健，出现风险的可能性较低，因此，可以作为投保人很好的参考标准。

此外，投保人在投保前，还可以在中国保险行业协会官网上，通过选择“信息披露”下的“偿付能力信息披露”栏目来查询保险公司的风险综合评级。

保险公司风险评级查询页面

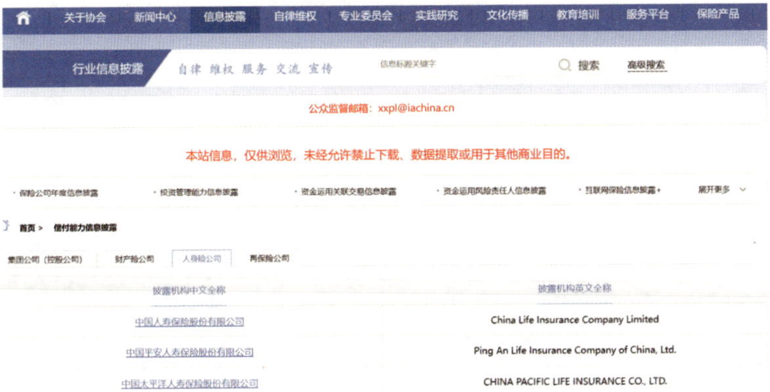

资料来源：中国保险行业协会官网

比如，在《中国人寿保险股份有限公司偿付能力季度报告摘要（2024 年第一季度）》的第 33 页，就明确说明了该公司的风险综合评级。

五、风险综合评级(分类监管)

(一)公司风险综合评级信息

截至目前，根据监管偿二代监管信息系统显示，本公司2023年3季度和4季度风险综合评级结果分别为AA级、AAA级。

资料来源：《中国人寿保险股份有限公司偿付能力季度报告摘要（2024年第一季度）》

（六）红利来源

正如第三章所讲，目前我国各家保险公司的分红险产品的红利来源主要是利差。原因很好理解。死差通常非常稳定，除非发生大规模的、群体性的人身风险，否则不会产生大幅度的偏移。就费差而言，由于目前我国保险行业在销售端的投入普遍比较大，所以费差产生的回报微乎其微，甚至很多保险公司还存在费差损。

总之，分红险产品若要依靠死差、费差来获得较高回报，在目前我国的行业环境下是比较难的。因此，很多分红险产品的红利仅来源于利差，这样可以规避费差损对红利的侵蚀。所以，在选择分红险产品时，我们建议选择红利来源于利差的产品。

分红险产品的红利来源会在产品说明书中写明，所以，投保人在选择分红险产品时，要注意阅读产品说明书。比如，泰康丰盈两全保险（分红型）的产品说明书中就明确写了产品红利来源于利差。

二、红利及红利分配

本合同为分红保险合同，您享有参与分配我们分红保险业务可分配盈余的权利。在每一保险单年度末，若本合同有效且所有到期保险费已交纳，我们将根据分红保险业务的实际经营状况决定红利分配方案。**红利水平是不保证的，在某些年度红利可能为零。**我们在每一个保单年度，向您提供一份红利通知书，您可了解分红保险保单的相关信息。

本产品的红利来源于利差，即将分红保险业务的实际经营成果优于预定假设的盈余，按不低于70%的比例分配给投保人。

本产品红利分配方式为现金红利，即直接以现金的形式将盈余分配给投保人。

本产品红利实现方式包括直接领取、累积生息。

红利是按照每张保单的贡献度确定的，与分红保险业务的经营状况、投保时约定的保险期间、交费期间、被保险人的年龄、性别和保单年度等因素相关。我们的分红政策是以稳健经营、回报客户为基本原则，努力保持各年分红水平的可持续性和市场竞争力。

资料来源：泰康丰盈两全保险（分红型）产品说明书

（七）红利的分配方式

我们在第二章中讲过，分红险的红利分配方式分为保额分红和现金分红两种。两种分红方式各具特色，适合不同诉求的客户。相关内容，大家可参照第二章，此处不再赘述。

分红险产品的红利分配方式也会在产品说明书中写明，比如上文所引的产品说明书中就明确写了“本产品红利分配方式为现金红利”。因此，投保人应该根据自身的情况，以及想要实现的诉求，来选择具备相应红利分配方式的分红险产品。

（八）红利的领取方式

正如第二章所讲，现金分红的领取方式包括现金领取、累积生息、抵交保费和交清保额等。其中，现金领取和累积生息是很多人会选择的方式。现金领取，即每年的分红直接由投保人申请领取至个人的银行卡账户。累积生息，即投保人选择将其每年分红交由保险公司进行管理。通常，保险公司会提供一个累积生息账户，进入该账户的分红会按照保险公司公布的累积生息账户利率进行复利计息。若投保人有家庭财务支出的需求，建议选择现金领取，若没有，建议选择累积生息。

保额分红通常包括年度红利和终了红利。年度红利以增加累积红利保险金额的方式实现，且增额部分也参加以后各年度的红利计算。因身故或其他原因导致合同终止的，保险公司将根据分红保险业务的实际经营状况进行核算，如果确定有终了红利分配，则以现金方式给付。相较于现金分红，由于保额分红是将红利增加到保额中，所以没有红利领取方式的约定。

同样，红利的领取方式也会在产品说明书中进行说明，比如上文所引的产品说明书中就明确写了“本产品红利实现方式包括直接领取、累积生息”。因此，投保人也应该根据自身的情况，以及想要实现的诉求进行具体选择。

（九）保险合同中的重要提示

通过上文所引的产品说明书，我们可以发现，“红利水平是不保证的，在某些年度红利可能为零”这句话被加粗了，以此来特别提示投保人注意。同样的，在分红险保险合同中，包括在保险代理人向客户说明保险产品的过程中，经常会有这类重要提示，比如保险的犹豫期、退保可能造成的损失等。投保人在选择分红险产品时，对这些重要提示要格外留意。

二、选择分红险产品时要关注三个重要的人

(一)分红险合同中三个重要的人

在一份分红险的保险合同中，有三个重要的人，分别是投保人、被保险人和受益人。

根据中华人民共和国国家标准《保险术语》(GB/T36687-2018)中的定义，投保人是“与保险人订立保险合同，并按照保险合同负有支付保险费义务的人”；被保险人是“其财产或者人身受保险合同保障，享有保险金请求权的人”；受益人是“人身保险合同中由被保险人或者投保人指定的享有保险金请求权的人”。

对于投保人，必备的条件是具有相应的民事行为能力，所以各家保险公司均要求投保人的年龄不得低于18周岁。同时，针对年满70周岁以上的投保人，保险公司一般会进行人工核保，甚至会要求投保人进行健康体检，确保投保人在购买产品时具备完全民事行为能力。

此外，投保人还需要具备一定的交费能力。比如，原中国保监会、原中国银监会曾联合发布《关于进一步规范商业银行代理保险业务销售行为的通知》(保监发〔2014〕3号)，从加强对特定人群的保护、引导银保渠道结构调整、延长犹豫期等方面对商业银行代理保险业

务进行了规范。对有需求和承受能力的客户，向其销售的保单利益不确定的产品，在保费较高等情况下，比如趸交保费超过投保人家庭年收入的 4 倍、年期交保费超过投保人家庭年收入的 20%，保费交费年限与投保人年龄数字之和达到或超过 60、保费额度大于或等于投保人保费预算的 150% 等，应由投保人在相关风险确认声明书中签名确认后方可承保。

被保险人作为人身保险合同的标的则更为重要。尤其是两全险和终身寿险类的分红险，若产品本身的风险保费超过了核保比例，可能面临特定责任免除或拒保风险。比如，投保时被保险人患有如实告知中的特定疾病，则可能面临相关疾病引发的保险责任不予赔付，仅退还已交保费 / 现金价值 + 累积红利的情况。

同时，保险公司根据不同的职业类别，一般分有 1—6 类职业评级。通常 1—4 类职业均可投保，5—6 类职业有拒保风险。5—6 类职业均为高风险职业，比如维修电工、船员、消防员、液化燃气分装工、直升机飞行员等，仅能投保特定职业类别保险产品，具体可参照各家保险公司的核保规则。

因此，在投保过程中，投保人和被保险人的如实告知十分重要。

针对受益人（此处特指身故受益人），目前保险公

保险

司仅有提供关系证明的要求。通常情况下，大多数保险公司允许祖孙三代以内的直系亲属作为受益人，但部分核保较严的保险公司则只允许配偶、子女、父母作为受益人。

有些人可能会问，在投保人和被保险人不是同一人的情况下，若投保人身故，那么保单应该如何处置呢？对于这种情况，按照一般保全规则，可以更改新的投保人，由新的投保人处置保单。至于如何更改新的投保人，可以分为以下两种情况。

第一，若原投保人立有遗嘱，并指定了该保单的继承人，则继承人可以携带继承权公证书、保单、与被保险人的关系证明到保险公司办理投保人更改。

第二，若原投保人设置了第二投保人（目前只有部分保险公司有此保全项目），则由第二投保人凭借原投保人的死亡证明、保单、与被保险人的关系证明到保险公司办理投保人更改。需要提醒的是，原投保人应该事先设立遗嘱指定该保单继承人为第二投保人，以避免可能发生的继承纠纷。

（二）分红险合同中对三个人关系的要求

《保险法》第十二条中规定："人身保险的投保人在保险合同订立时，对被保险人应当具有保险利益。"分红险作为人身保险的一种，其投保人自然也应当对被保险人具有保险利益。

那么，投保人对哪些人具有保险利益呢?《保险法》对此也有明确规定，具体如下：

第三十一条 投保人对下列人员具有保险利益：

（一）本人；

（二）配偶、子女、父母；

（三）前项以外与投保人有抚养、赡养或者扶养关系的家庭其他成员、近亲属；

（四）与投保人有劳动关系的劳动者。

除前款规定外，被保险人同意投保人为其订立合同的，视为投保人对被保险人具有保险利益。

订立合同时，投保人对被保险人不具有保险利益的，合同无效。

由上述规定可知，投保人对五类人具有保险利益，包括投保人本人，投保人的配偶、子女和父母，与投保人有扶养、赡养或抚养关系的家庭成员和近亲属，与投保人有劳动关系的劳动者，同意投保人为其投保的被保险人。只有和投保人具有保险利益的人，才能作为保险合同中的被保险人，否则保险合同是无效的。

在签订保险合同时，保险公司会要求被保险人必须亲笔签名，以表明被保险人同意和认可投保人为其投保，同时也让被保险人明确其在保险合同中拥有的权利和应尽的义务。

在人身保险中，被保险人和投保人都可以指定受益人。但当投保人和被保险人不是同一个人时，投保人在指定受益人时，必须经过被保险人的同意。

我国的《保险法》对受益人没有太多要求，只是规定，当投保人为与自己具有劳动关系的劳动者投保时，只能指定被保险人及其近亲属作为受益人。通常，保险公司会根据具体情况，以及不同保险产品的具体情况，而对受益人有不同要求。

目前，我国绝大多数保险公司会要求受益人与被保险人存在《民法典》规定的继承关系。也就是说，受益人的身份必须符合《民法典》中对遗产第一顺序继承人或第二顺序继承人的定义。具体如下：

第一千一百二十七条　遗产按照下列顺序继承：

（一）第一顺序：配偶、子女、父母；

（二）第二顺序：兄弟姐妹、祖父母、外祖父母。

继承开始后，由第一顺序继承人继承，第二顺序继承人不继承；没有第一顺序继承人继承的，由第二顺序继承人继承。

本编所称子女，包括婚生子女、非婚生子女、养子女和有扶养关系的继子女。

本编所称父母，包括生父母、养父母和有扶养关系的继父母。

本编所称兄弟姐妹，包括同父母的兄弟姐妹、同父异母或者同母异父的兄弟姐妹、养兄弟姐妹、有扶养关系的继兄弟姐妹。

由此可知，在实务中，除了《民法典》规定的第一顺序、第二顺序继承人，其他人一般是不能作为受益人的。因此，投保人在购买分红险时，应注意保险合同中的相关规定，以确定究竟什么人可以作为受益人。

三、分红险保单权益的归属

分红险保单的权益通常有五类，分别为红利、年金、现金价值、身故保险金、满期保险金。通常情况下，分红型年金保险产品的权益包含红利、年金、现金价值和身故保险金，部分产品还有满期保险金；分红型终身寿险产品的权益包含红利、现金价值和身故保险金；分红型两全险产品的权益则包含红利、现金价值、身故保险金和满期保险金。

（一）红利和现金价值

在现金分红类的分红险保单中，红利和现金价值通常属于保单持有人，即投保人。我们来看看具体的法理依据。

根据《一年期以上人身保险产品信息披露规则》的相关规定，保单持有人可以保单红利的形式享有保险公司分红型保险产品的盈余分配权。具体规定如下：

第八条　分红型保险产品的产品说明书应当包括但不限于以下内容：

（一）风险提示

在产品说明书显著位置用比正文至少大一号的黑体字突出提示该产品为分红型保险产品。保单持有人可以保单红利的形式享有保险公司分红型保险产品的盈余分配权，提示未来的保单红利为非保证利益，其红利分配是不确定的。其中，采用增额方式分红的，应当特别提示终了红利的领取条件。

……

此外，保险公司应当在保险合同条款中约定每年至少向投保人提供一份红利通知。具体规定如下：

第九条 保险公司应当在保险合同条款中约定每年至少向投保人提供一份红利通知。红利通知应当包含以下内容：

（一）保险单信息，包括保险产品名称、保险单编号、保险单生效日、投保人姓名、被保险人姓名、报告期间等；

（二）保单各年度保险费以及至上一保单年度末该投保人已分配的红利总额；

（三）红利分配政策；

（四）本年度公司红利分配额度以及分配给投保人的红利总额；

（五）本年度分配给该投保人的红利。

关于现金价值的归属，《最高人民法院关于适用〈中华人民共和国保险法〉若干问题的解释（三）》的第十六条与第十七条有明确规定，具体如下：

第十六条 保险合同解除时，投保人与被保险人、受益人为不同主体，被保险人或者受益人要求退还保险单的现金价值的，人民法院不予支持，但保险合同另有约

定的除外。

投保人故意造成被保险人死亡、伤残或者疾病，保险人依照保险法第四十三条规定退还保险单的现金价值的，其他权利人按照被保险人、被保险人继承人的顺序确定。

第十七条　投保人解除保险合同，当事人以其解除合同未经被保险人或者受益人同意为由主张解除行为无效的，人民法院不予支持，但被保险人或者受益人已向投保人支付相当于保险单现金价值的款项并通知保险人的除外。

根据上述规定，投保人拥有解除保单合同的绝对权，因此在实际的保险合同中，现金价值归投保人所有。

下面，我们以泰康丰盈两全保险（分红型）的产品说明书为例来进行说明。

三、犹豫期及退保

自您签收本合同的次日零时起，有 15 日的犹豫期。

（1）如果您在犹豫期内要求解除本合同，须填写解除合同申请书，并提供本合同、您的有效身份证件及所交保险费的发票。**自我们收到前述材料时起，本合同即被解除，我们自始不承担保险责任，无息退还已交保险费。**

（2）如果您在犹豫期后要求解除本合同，您须填写解除合同申请书，并提供本合同及您的有效身份证件的原件。自我们收到前述材料时起，本合同终止，我们自收到解除合同申请书之日起 30 日内向您退还本合同终止时的现金价值。

现金价值指保险合同所具有的价值。本合同保单年度末的现金价值在保险单上载明，保单年度内的现金价值您可以向我们咨询。**现金价值不包含红利。**

对于在犹豫期后解除合同的情形，考虑到保单平均承担的本公司经营支出、保险责任对应的成本等，我们从您所交的保险费中扣除了相关费用。因此，您在犹豫期后解除合同会遭受一定损失。

资料来源：泰康丰盈两全保险（分红型）产品说明书

通过该产品的产品说明书我们可以看出，若投保人退保，保险公司将退还合同终止时的现金价值给投保人。

在保额分红类的分红险保单中，红利会增加到保额中，在退保时变成现金价值的一部分给到投保人，在保险事故发生时作为保额的一部分给到受益人。

（二）身故保险金

身故保险金一般归身故受益人所有。《保险法》第十八条的规定，“受益人是指人身保险合同中由被保险人或者投保人指定的享有保险金请求权的人。投保人、被保险人可以为受益人”。此外，在人身保险合同的条款中，也会明确身故保险金的给付对象为身故受益人。

我们来看泰康长寿人生 A 款年金保险（分红型）的产品条款。

身故保险金　被保险人身故，我们向身故保险金受益人给付身故保险金，本合同终止。身故保险金的金额为：

被保险人身故时间	身故保险金金额
首个养老保险金领取日零时前	您累计已交纳的本合同的保险费（不计息）
首个养老保险金领取日零时后	零

资料来源：泰康长寿人生A款年金保险（分红型）产品条款

可见，若被保险人身故，保险公司将向身故受益人给付身故保险金。需要提醒的是，所有保单一定要明确指定身故受益人，甚至设立第二受益人，最起码也要填写“法定”，否则当被保险人身故后，身故保险金将作为其遗产由法定继承人进行继承。对此，《保险法》做了明确规定，具体如下：

第四十二条　被保险人死亡后，有下列情形之一的，保险金作为被保险人的遗产，由保险人依照《中华人民共和国继承法》的规定履行给付保险金的义务：

（一）没有指定受益人，或者受益人指定不明无法确定的；

（二）受益人先于被保险人死亡，没有其他受益人的；

（三）受益人依法丧失受益权或者放弃受益权，没有其他受益人的。

受益人与被保险人在同一事件中死亡，且不能确定死亡先后顺序的，推定受益人死亡在先。

（三）年金和满期保险金

对于不同类别的分红险产品，其年金、满期保险金的归属，以具体产品的条款规定为准。比如泰康长寿人生 A 款年金保险（分红型）的产品条款默认年金归属于投保人。

4.1 **受益人** 请您或者被保险人慎重选择指定身故保险金受益人。
除另有指定外，生存类保险金受益人为本合同的投保人本人。
关于受益人的其他规定详见《中华人民共和国保险法》（请扫描二维码查看相关内容）。

资料来源：泰康长寿人生A 款年金保险（分红型）产品条款

但是，有一些年金险的产品条款默认年金归属于被保险人，比如人保寿险兴福人生年金保险（分红型）。

5.1 **受益人** 您或者被保险人可以指定一人或多人为身故保险金受益人。
身故保险金受益人为多人时，可以确定受益顺序和受益份额；若没有确定份额，各受益人按照相等份额享有受益权。
被保险人为无民事行为能力人或限制民事行为能力人的，可以由其监护人指定受益人。
您或者被保险人可以变更身故保险金受益人并书面通知我们。我们收到变更受益人的书面通知后，在保险单或其他保险凭证上批注或附贴批单。
您在指定和变更身故保险金受益人时，必须经过被保险人同意。
除本合同另有指定外，年金与满期金受益人为被保险人本人。

资料来源：人保寿险兴福人生年金保险（分红型）产品条款

对大多数保险产品而言，满期保险金一般默认归属于被保险人。不过也有例外情况。比如，海港领航乘风两全保险（分红型）的产品条款中，明确规定满期保险金归属于投保人，具体条款表述如下。

3.1　受益人

一、您或者被保险人可以指定一人或多人为身故保险金受益人。

二、身故保险金受益人为多人时，可以确定受益顺序和受益份额；如果没有确定份额，各受益人按照相等份额享有受益权。

三、被保险人为无民事行为能力人或限制民事行为能力人的，可以由其监护人指定受益人。

四、您或者被保险人可以变更身故保险金受益人并书面通知我们。我们收到变更受益人的书面通知后，在保险单或其他保险凭证上批注或附贴批单。

五、您在指定和变更身故保险金受益人时，必须经过被保险人同意。

六、受益人故意造成被保险人身故、伤残、疾病的，或者故意杀害被保险人未遂的，该受益人丧失受益权。

七、被保险人身故后，有下列情形之一的，保险金作为被保险人的遗产，由我们依照关于继承的法律法规履行给付保险金的义务：

（一）没有指定受益人，或者受益人指定不明无法确定的；

（二）受益人先于被保险人身故，没有其他受益人的；

（三）受益人依法丧失受益权或者放弃受益权，没有其他受益人的。

八、受益人与被保险人在同一事件中身故，且不能确定身故先后顺序的，推定受益人身故在先。

九、除另有约定外，本合同的满期保险金受益人为投保人本人。

资料来源：海港领航乘风两全保险（分红型）产品条款

所以，对于分红险中年金、满期保险金的权益归属，建议投保人仔细阅读具体产品的条款。

下编

分红险的实务应用

第六章 用分红险进行资产配置

一、三种账户实现投资均衡

我们在进行投资时，通常会选择以下五类理财产品：活期存款、定期存款、国债、保险、银行理财。无论我们购买什么产品，最关心的无非是以下三个问题：第一，放进去的钱是否安全；第二，产品的回报高不高；第三，当我们用钱时，钱能不能取出来。这就是我们常说的“理财三性”，即安全性、收益性和流动性。

然而，目前市场上没有任何一款理财产品可以同时满足这三点。也就是说，如果我们把钱放在同一类型的理财产品里，就会造成或者回报不太高，或者资金不太安全，或者资金使用不太灵活的情况，因此我们一定要进行组合投资、分期投资。

我们可以根据资金的用途，将资金放进不同的账户，每种账户对应具备不同特性的产品。这样，通过账户的组合，不仅能实现资金安全、回报稳健，还不会影响资金的流动性，以此达到同时满足“理财三性”的效果。

接下来，我们就根据账户的不同特性，将其分为 A、B、C 三类来分别进行讨论。

（一）A 账户

A 账户，可以被称为随用随取的账户，其中放置偏重资金流动性的理财产品。

如果我们关注资金的流动性，希望有一部分钱在今后能随时提取，就可以把一部分资金放进 A 账户里。

需要注意的是，我们不要在 A 账户里放置过多资金，主要有以下两个原因。

第一，A 账户内放置的是活期理财产品，而有些活期理财产品是不保证资金安全的，因此存在资金亏损的风险。

第二，近些年，国内活期理财产品的回报一直在呈波浪形下降。

通常，我们可以把 3—6 个月内要用到的资金放进 A 账户里，这样就能够满足我们日常对资金的需求。如果近期就有大额的花销，我们可以把近期要用的钱也放进去。

（二）B 账户

B 账户，可以被称为目前不用的账户，其中放置偏重资金安全性的理财产品。

如果我们更关注资金的安全性，则可以把三五年内确定不用的钱放进 B 账户里，比如 3 年期或 5 年期的定期存款、国债、大额存单或趸交型保险等。这些产品的特点是安全性高，不会造成资金损失，且可以确保三五年内的回报不受利率调整的影响。

B 账户的缺点是不够灵活，若提前支取资金，会损失一部分回报。此外，B 账户只能保证资金三五年内的回报不会降低，之后其回报会随着市场整体回报情况而发生改变。

（三）C 账户

C 账户，可以被称为未来要用的账户，也可以被通俗地称为“压箱底的钱”，其中放置用于对冲理财风险的产品。

A 账户和 B 账户的共同特点是，最多只能保证三五年内的回报，长期而言，其回报都会受到利率波动的影响。因此，为了避免整体投资回报受到利率波动的过多影响，我们需要用 C 账户内的产品来对冲利率波动的风险，稳定提升整体投资回报。

我们可以将三五年后大概率也用不到的资金放进C账户内。我国很少有家庭会把家里的钱全花光，一定还有一笔钱持续放在银行，这笔钱就是“压箱底的钱”。我们要把这笔钱放进C账户中，这样它就可以在很长一段时间内不受利率波动的影响，以对冲利率波动的风险。

建议把以下三类产品放在C账户内。

第一类是纯浮动回报类产品，比如基金。这类产品本质上是用高风险来换取高回报，属于对利率变化不敏感但对市场变化敏感的产品。当市场出现阶段性繁荣时，这类产品可以通过浮动回报来对冲利率波动的风险。

第二类是纯固定回报类产品，比如增额终身寿险或固定回报类的年金保险。这类产品本质上是用时间来换取回报，因此在利率波动时，其回报不会受影响，可以对冲利率波动的风险。

第三类是固定回报+浮动回报类产品，比如分红险。这类产品的一部分回报是固定的，可以对冲利率波动的风险；另一部分回报是浮动的，可以享受到市场繁荣的红利。

在如今的大背景下，如果我们既想追求资金的安全稳健，又希望得到较高的回报，分红险会是一个不错的选择。

69.43
0.540
+0.78%
69.258
149.60

二、针对不同类型客户的分红险资产配置

（一）理财产品客户

理财产品客户的心态比较特殊，通常具有以下两个特点。

第一，追求资金的灵活性。这类客户总觉得随时可能需要用钱，所以一般只把资金存几个月。更有甚者，连几个月都不存，只购买 T + 0 和 T + 1[①] 的短期理财产品。

第二，希望获得较高的回报。正因如此，这类客户才把资金放在理财产品里，而不是活期和定期存款账户内。但是，他们对资金的安全性又有较高的要求，风险承受能力往往有限，因此通常不会购买基金、股票等风险级别较高的理财产品。

在给这类客户做分红险资产配置时，建议分为以下四个步骤来进行。

1. 市场分析

在与理财产品客户进行沟通时，我们首先应该让其知晓目前投资市场的状况。

---

① T+0 和 T+1 为两种交易制度。T+0 指当天购入，当天即可卖出的交易制度；T+1 指当天购入，第二天及以后才可卖出的交易制度。

首先，根据“资管新规”的相关规定，金融机构在开展资产管理业务时不得承诺保本保回报，出现兑现困难时不得以任何形式垫资兑付。通俗来说，就是大多数理财产品将不保本、不保息，投资的风险因此变大。

其次，如下图所示，根据南财理财通课题组于 2024 年 7 月发布的数据，2024 年 1 月末，我国理财产品综合破净率为 5.06%，之后基本在持续下降，7 月末降至 1.91%。① 尽管理财公司公募产品的破净率呈逐月下降趋势，但理财破净值的情况还是比较常见的。

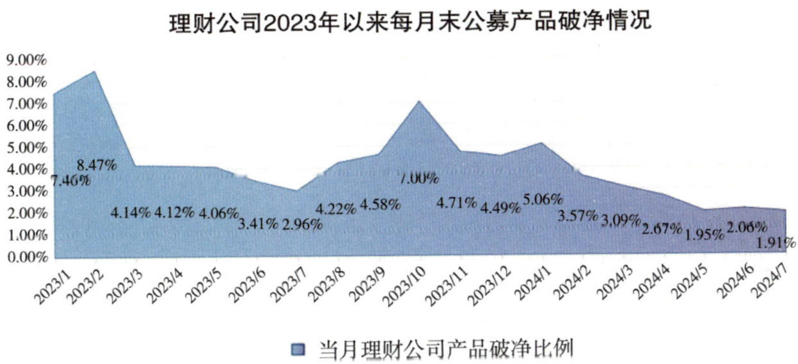

之所以要让客户了解投资市场的现状，是为了进一

① 南财理财通课题组. 银行理财 7 月报：存款持续“搬家”，理财产品平均募集规模环比大增 42%，汇华建信等机构到期达标率低 [EB/OL].（2024-08-17）[2024-09-20]. https://mp.weixin.qq.com/s/RUPDyD1DD6ei1LbIztlxkA.

步引导其进行资产错配、分期投资，通过拉长投资周期来提高整体投资的回报。

2. 资产检视

在为客户提供资产配置方案前，我们一定要先检视客户的资产状况，做好资产分类管理。这样有助于我们了解客户的资产状况及资产配置中的问题，并给出有针对性的意见，彰显我们的专业性。

3. 黄金提问

此外，在给出资产配置方案之前，我们还要问客户一些问题。这些问题非常重要，有助于我们掌握客户的投资偏好，了解客户的资产配置情况，从而做到有的放矢。我们不妨将这个环节称为“黄金提问”。

我们可以这样询问客户：“您这次打算购买安全稳健一些的理财产品，还是回报高一些但风险也高一些的理财产品？”

无论客户选择前者还是后者，我们都要和客户强调，现在的理财产品不保本、不保回报的情况。

接下来，我们可以问第二个问题：“您这次准备存多长时间？最近三五年有没有要用大钱的地方？”

根据客户的回答，我们可以说：“如果您既追求资金的安全性和灵活性，又对投资回报有一定期望，我建议您分期投资。这样不仅回报稳健安全，还不耽误您用钱。

我来给您做一下理财产品的检视，然后再根据您的需求来调整资产配置方案。”

4. 提供资产配置方案

完成以上三个步骤后，我们就可以根据客户的具体情况给出有针对性的资产配置方案了。

如果客户近期需要用到资金，我们可以建议他们购买货币市场类理财产品，比如 T+0 或 T+1 的短期产品。针对无风险承受能力的客户，由于其追求的是资金更加安全稳健，我们可以建议他们增加 R1 级产品的比重，比如定期存款、国债、保险等；如果客户的风险承受能力较弱，我们可以建议他们把产品的选择限制在 R2 级及以下，比如购买活期理财或分红险产品。其中，活期理财本质上是货币基金，是风险最低的产品；而分红险产品一般属于 R2 级产品，既可以保本，又可以在资金安全稳健的前提下享受市场的红利，回报比纯固定回报类产品的可能会高一些。

（二）定期存款产品客户

定期存款产品客户在财富管理方面非常保守，他们极度追求安全性，对定期存款以外的产品，包括保险产品，接受度都不高。因此，我们在与这类客户沟通时，不要一开始就谈期交保险，否则他们可能会难以接受。

我们可以先从趸交保险切入，循序渐进地过渡到期交保险。

此外，定期存款产品客户不存活期，因为他们对回报有一定的期望。然而，由于他们的风险承受能力很低，虽然知道未来会出现降息的情况，但在没有看到回报更好、更安全的投资渠道前，他们仍旧会选择定期存款产品。

在与定期存款产品客户沟通时，我们要向他们强调安全稳健的产品不止定期存款这一种。定期存款产品客户完全可以选择固定回报 + 浮动回报的分红险产品，这样可以实现回报的“旱涝保收”。

1. 市场分析

在与定期存款产品客户进行沟通时，我们要通过分析投资市场现状，让其明确定期存款产品的利率也有波动，所以这类产品也并非一定能达到预期回报。

首先，很多定期存款产品客户认为定期存款产品的利率较高。但与国债一样，定期存款产品的利率也会出现波动。

其次，很多定期存款产品客户认为定期存款产品很安全。事实上，定期存款产品不是绝对安全的。《存款保险条例》第五条规定：“存款保险实行限额偿付，最高偿付限额为人民币 50 万元……同一存款人在同一家投保机构所有被保险存款账户的存款本金和利息合并计算的资金数额在最高偿付限额以内的，实行全额偿付；超出最高偿付限额的部分，依法从投保机构清算财产中受偿。”也就是说，如果同一存款人在同一家银行的存款本息合计在 50 万元以内，那么在银行破产后，虽然可以拿回本金，利息却不一定有保证；如果存款超过 50 万元的话，超出部分的本金也不一定能保住。

2. 资产检视

针对定期存款产品客户，我们要为他们检视存款类产品的回报率和匹配期限，引导客户对比之前和现在的利率。此外，还要特别向客户强调《存款保险条例》相关内容，并建议客户把一部分资金放进其他安全性较高的产品里。

3. 黄金提问

我们可以这样提问：“这次到期了以后，您准备继续转存，还是把钱取出来？”

客户大概率会选择继续转存。

接下来，我们要问第二个问题：“您准备转存多长时间？”

客户可能会回答 1 年、2 年或者 3 年。

我们继续问第三个问题：“您这次存进去，到期了以后准备取出来，还是继续转存？”

客户通常会说："到时候再说。"

这时我们可以说："三五年之后的事情谁也说不准，但有一件事情是可以确定的。那就是即使您不转存，也不可能把这些钱全花光，一定还会剩下一笔钱备用。那么，您会把这笔钱存放在哪里呢？我建议您不要只存定期存款，可以把钱分散投资。这样不仅安全，回报还更高。"

4. 提供资产配置方案

我们可以根据定期存款产品客户的需求，提出如下资产配置方案：

对于三五年内不用的资金，可以匹配 1 年期、2 年期、3 年期、5 年期的定期存款产品；对于长期不用的资金，可以匹配中长期保险产品，比如固定回报类的保险产品、固定回报 + 浮动回报类的保险产品。

如果客户既想安全稳健，又想享受高回报，我们可以建议其增加固定回报 + 浮动回报类产品的比重。分红险就具备这样的产品特性，能起到很好的作用。

（三）基金产品客户

基金产品客户能够承受一定的市场波动风险，此外，他们还会长期持有部分基金，对回报有一定的期望。他们会定期检视基金，并根据市场环境进行调整，比如加仓、减持等。

基金属于高风险产品，但高风险不一定带来高回报。因此，针对基金产品客户，我们要强调基金的风险性，让其明白投资要做到“攻守兼备”。

1. 市场分析

Wind（上海万得信息技术股份有限公司）的统数据显示，虽然仅从规模和份额上来看，2023 年我国公募基金取得了不错的发展，但股市的表现一般。

在上述市场背景下，虽然权益类基金的部分产品业绩较好，但整体表现一般。此外，基金的分红也存在缩水。

在与基金产品客户沟通时，我们可以通过这类对市场现状的分析，让客户明白虽然基金的风险很高，但其回报不一定和风险成正比。

2. 资产检视

针对基金产品客户，我们要为他们检视基金产品的盈亏状况，让客户发现其回报率的不稳定性和其他潜在的风险，以便引导他们将一部分资产放入安全性较高的产品中，比如定期存款、国债、保险等，以对冲风险。

3. 黄金提问

我们可以这样提问：“您购买基金这么多年，有没有算过回报率是多少？”

然后，我们可以问第二个问题："您觉得回报率达到多少，您才能满意呢？"

之所以要这样提问，是为了让客户审视自己这些年基金投资的实际回报情况，与自己预期回报之间的差距，从而发现其中潜在的问题。根据客户回答的结果，我们可以对客户加以适当引导。

接下来，我们可以再问客户一个问题："如果时光倒流，给您两个选择，一个是拿着 100 万元去证券市场搏一搏，另一个是用 100 万元投资一款年化回报率为 3%—4% 的产品，那么您会选择哪一个？"客户大概率还是会选择第一个，因为这就是这类客户的特点，他们更愿意冒一定风险去追求更高的回报。

这时，我们可以帮客户算一笔账："如果您选择第二种方式，把 100 万元投资一款年化回报率确定可以达到 3.5% 的产品，那么最后您大概可以省心省力地获得 167.5 万元。"

之后，我们可以再问客户："这些年您在证券市场的投资回报率究竟有多高呢？"根据近些年证券市场的整体回报率情况，大部分投资者的回报率即便不比 3.5% 低，恐怕也高不了多少。

4. 提供资产配置方案

针对基金产品客户的特点，为了分散其投资风险，稳定回报，我们可以建议他们把一部分基金、股票等产品调整为保险产品，比如分红险产品。下面这两套方案可供这类客户选择。

（1）风险对冲方案

我们可以建议客户配置对利率和市场涨跌不敏感的产品，以对冲基金产品较高的市场风险。

每个客户的风险承受能力不同，我们要根据其风险承受能力进行个性化的资产配置。虽然客户一般不会改变自己固有的资产配置战略，但在不同的经济环境下，他们还是会乐于做出战术上的调整。

在利率波动的整体趋势下，我们可以建议客户适当增加一些固定回报类产品，比如定期存款、国债、保险等，以弥补减少的回报。我们还可以建议客户匹配一些权益类产品，比如股权类产品等，以便在市场繁荣时能享受到红利。

更简单的资产配置方法是选择固定回报 + 浮动回报类产品，比如分红险。这类产品既可以帮客户对冲降息带来的风险，也可以让其享受到市场繁荣的红利。

（2）平滑投资方案

与其日日焦虑地盯盘，心惊肉跳地加仓、减持，不如投资风险可控、回报可期的产品。这样不仅回报稳定，还省心省力。因此，我们可以建议客户采用期权投资 +

定投的平滑投资方案，也就是人们常说的基金定投 + 保险定投。

客户可以把保险类产品，比如分红险，也看作一款基金定投产品，以平滑投资风险。只不过基金定投产品平滑的是证券市场风险，分红险平滑的是利率波动风险和人身风险。具体来说，分红险不仅可以帮客户抵御回报减少的风险，也可以像基金一样帮客户享受市场的红利，同时还具有一定的人身保障功能。

第七章　用分红险规划教育金

一、教育金储备要满足的要素

所谓教育金，通俗来说就是父母为子女未来的教育费用而进行的储备。教育金是非常重要的。它不仅可以帮助父母更好地规划子女的教育费用，防止未来可能发生的风险影响子女的教育，也可以为子女教育提供充足的资金，保证子女接受更好的教育。

既然教育金对一个家庭具有重要意义，在做教育金储备时，我们就一定要谨慎。

做教育金储备时应该尽量做到以下四点。

1. 专款专用

教育金是专门用来解决教育需求的资金，不能随意挪作他用。因此，教育金应该有较强的资金锁定功能，资金取用不能太灵活。如果将这部分钱用在其他地方，那么当孩子需要用钱时可能就拿不出来了。

2. 安全保本

教育是孩子人生中的一件大事，务必确保教育金的安全。比如，有的父母会用孩子出国留学的钱购买股票，想着捞上一笔，结果失利了，最终血本无归，让孩子的教育受到很大影响。作为父母，如此操作实在太草率了。

3. 持续回报

很多父母在孩子很小的时候就准备了教育金，而这笔钱在很多年之后才用得上。如果这笔钱的回报是不确定的，或者两三年之后就没有回报了，可能就无法达成原有的意愿。因此，教育金储备要有稳定、持续的回报。

4. 尽量充足

父母应该在自己力所能及的范围内给孩子提供最好的教育条件。给孩子准备 50 万元、100 万元或 200 万元的教育金，对孩子起到的效果是完全不一样的。因此，父母应该在财务状况良好时多储备一些教育金，以便未来给予孩子更好的支持。

若教育金准备不充分，一旦家庭收入出现下降，就会直接影响孩子的教育。准备充足的教育金，父母就可以避免因自身经济问题而让孩子的教育受到影响。

二、为何要用分红险来规划教育金

我们可以用分红险来为孩子规划教育金，这样做有以下两个优点。

1. 分红险适宜做稳定的资金积累

保险的机制，可以让父母养成储蓄的习惯，真正为孩子攒下教育金。具体来说，父母可以通过购买分红险积攒下一笔固定的资金，集中用于孩子的教育，且这笔资金不会因为流动性过高而被随时挪用。

此外，无论是增额分红型产品还是现金分红型产品，都有一笔保障资金，即相应的现金价值或年金，这部分资金不会受市场波动的影响，可以保障资金安全。也就是说，分红险不会像风险较高的理财产品一样损失本金，以致孩子的教育受到影响，让父母追悔莫及。

综上，在保证安全的情况下，分红险提供的资金不仅可以用于孩子的学杂费和生活费，还可以用于出国留学的基础开销。如果将来孩子毕业了，这笔资金还可以作为其刚步入社会时的生活费用。

2. 分红险可以实现教育金的增长

除了固定回报部分，分红险还有红利部分。分红险的分红可以让投保人享受到市场发展的红利，使得孩子的教育金储备得以增长。

这笔红利可以在孩子留学或者上大学的过程中，用于提升其生活品质，让其拓展视野，拥有更丰富的生活体验。

总之，分红险的现金价值或年金 + 红利的资金增长方式、可靠的安全性等特性，非常适合规划孩子未来的教育金。

第八章 用分红险规划养老

一、我国的养老现状

很多人对养老规划的认识是比较模糊的。有些人觉得反正自己交着社保，以后养老肯定无后顾之忧。但是，我国目前的养老现状很复杂，如果对此没有一个充分的了解，恐怕很难做出有效的养老规划。接下来，我们就简单介绍一下我国目前的养老现状。

（一）养老保险体系的“三大支柱”

如今，虽然大部分人会交社保，但对于我国社保制度的具体规定、社保运营的状况，尤其是我国目前的养老保险体系，普遍缺乏了解。下面，我们就来介绍一下相关内容，让大家对未来养老可能面临的形势有一个简略了解，以便做出有针对性的养老规划。

我国的养老保险体系有“三大支柱”，具体如下。

1. 基本养老保险

基本养老保险是社保中的重要组成部分，全称为社会基本养老保险。该养老保险是国家根据相关的法律法规设定的，主要用于保障我们退休后的基本生活。

缴纳社保所需费用，会因不同地区、缴费人的不同情况等而有所不同，但通常以工资总额为基数。比如，目前我国企业和企业职工在缴纳社保养老保险时，所需缴纳的费用就以职工个人税前月平均工资为基数。具体来说，职工个人所缴纳的费用为其税前月平均工资的8%，这笔费用主要存入职工的养老保险金个人账户；单位所缴纳的费用为职工个人税前月平均工资的16%，这笔费用主要存入职工的养老保险金统筹账户。未来，职工能够领取的养老金总额就是个人账户和统筹账户的资金总额。

需要提醒的是，统筹账户里的钱不只是用来支付基础的养老金，还会用于支付参保人员去世后的丧葬补助、抚恤金（根据丧葬抚恤制度，按月支付给遗属抚恤金）等，以及一些符合国家规定的补贴类待遇，比如冬季的取暖费等。

通常情况下，目前领取社保养老金需要满足以下两个条件：第一，缴纳社保满 15 年；第二，达到法定退休年龄。根据每个人的性别、职业、所处地区等情况不同，领取条件也会有相应的要求，具体要根据各地的规定执行。

社保中的养老保险是我国养老保险体系的“第一支柱”。依靠社保养老金来养老，退休后一般都能温饱无忧，但和退休前相比，生活品质可能或多或少会受到一定的影响。

中国社会科学院发布的《中国养老金发展报告2023》显示，2023年我国的养老金替代率为46%左右。所谓的养老金替代率，指的是退休后领取的养老金和退休前工资收入水平的比率。按照世界银行的建议，养老金替代率至少要达到70%，才能比较稳妥地保证退休后的生活质量。

2. 企业年金和职业年金

企业年金和职业年金是对社保养老金的有效补充，是我国养老保险体系的“第二支柱”。

这两项年金的缴纳都采用国家政策指导、企业主导、个人参与的形式。其中，企业年金主要适用于行政机关和事业单位及其工作人员；职业年金的适用人群则相对广得多，可以适用于参加了基本养老保险的各类用人单位及其职工。

企业年金和职业年金能够有效提升一个人退休后的养老金水平。但是，由于我国地区间和行业间的发展不

养老保险

平衡，且这两项年金在我国开展的时间较短，因此人们对它们的认知度和参与度都不够，所以目前这两项年金的覆盖率都还不高。人力资源和社会保障部发布的数据显示，截至 2023 年末，我国企业年金积累金额首次突破 3 万亿元，达到 3.19 万亿元，参加职工 3144 万人；我国企业年金的参保人数占具备参保条件的职工总人数的比例仅为 8%，加上职业年金后，“第二支柱”的覆盖率为 15%。这说明我国的“第二支柱”还有很大的发展空间。

3. 个人储蓄性养老保险和商业保险

个人储蓄性养老保险和商业保险是由个人主导、自愿参加的保险。与企业年金和职业年金由企业及个人共同缴纳不同，个人储蓄性养老保险和商业保险是由个人缴纳的，即个人根据自身的需求和风险承受能力进行选择，自愿购买。

个人储蓄性养老保险和商业保险是我国养老保险体系的“第三支柱”，可以为个人在退休后提供一定的养老保障，提升退休之后的生活品质。

个人储蓄性养老保险由政府或社会保险机构负责管理运作，其安全性、资金透明度等有充分保障。此外，国家针对该养老保险还有一定的税收减免政策，会提供一部分补贴，以此降低个人的缴费负担。商业保险则种类更加齐全，产品类型更加丰富。同时，商业保险公司也受到国家金融管理机构的全方位监管，其资金安全也是能够得到保障的。不过，目前我国个人商业保险的覆盖率还是比较低的，在全部人口中，覆盖率不足一半，因此，这两种保险的发展前景都是很广阔的。

（二）影响我国养老金规模的因素

我国目前的养老金结构以“第一支柱”为主。根据近些年的数据，我国“第一支柱”的养老金规模占我国整体养老金规模的 50%—70%。

《中国养老金融发展报告（2023）》的数据显示，2022 年我国养老金资产积累规模为 14.5 万亿元，仅占 GDP 的 12%。影响我国养老金规模的原因主要有以下三个。

1. 长寿化

唐代大诗人杜甫在一首诗中写“人生七十古来稀”，这从侧面证明，古代能活到 70 岁以上的人是很少的。甚至，在古代社会，大多数人能活到 40 多岁就已经很长寿了。

然而，随着社会生产力的不断提升、物质生活的不断丰富、卫生医疗条件的不断改善，人类的寿命也在不断提高。国家卫健委公布的数据显示，我国居民的人均预期寿命一直在稳步上升，每10年增长2—3岁；1949年，我国的人均预期寿命只有35岁，而到2023年，我国的人均预期寿命已经达到78.6岁。“长寿时代”已经来临了。

我们来看下面这张图。

分年龄段的人均消费与收入情况变化趋势

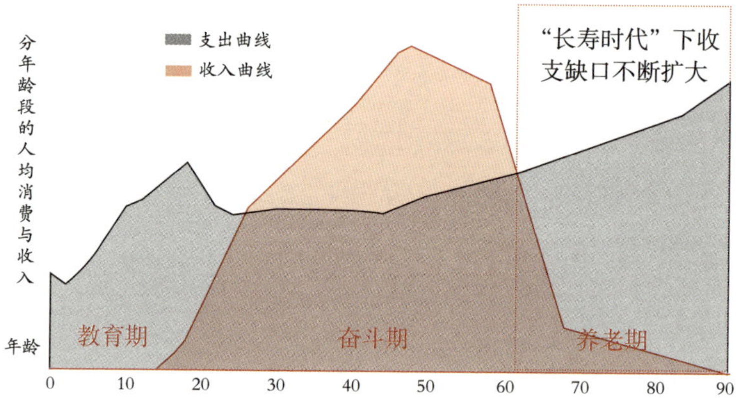

在上图中，我们把人的一生分为教育期、奋斗期和养老期三个阶段。财富的积累一般是在30—60岁左右的奋斗期。如果预期寿命是78岁，60岁开始领取养老金，则领取养老金的时间是18年；如果预期寿命达到了100岁，则领取养老金的时间就变成了40年。也就是说，在“长寿时代”，养老期在不断拉长，养老金的收支缺口会不断扩大。

2. 老龄化

国家统计局发布的数据显示，2023 年，我国 60 岁及以上的人口超过 2.97 亿，占总人口的 21.1%，65 岁及以上的人口超过 2.17 亿，占总人口的 15.4%。据预测，2033 年，我国 65 岁及以上的人口占总人口的比例将会超过 20%，进入超级老龄化社会；2057 年，我国 65 岁及以上的人口将会达到 4.25 亿的峰值，占总人口的 32.9%—37.6%。

3. 少子化

近年来，我国人口出生率不断降低，家庭户均规模持续下降。

1950—1958 年，我国有大量的新生人口出现。1959—1961 年，因特殊原因，我国每年新增人口较前有所下降。但 1962—1975 年，出现了第二波“婴儿潮”，为我国带来了将近 3 亿新生人口。1981—1991 年，我国又出现了第三波“婴儿潮”，进而造就了我国 14 亿的人口规模。

随着我国经济发展得越来越好，人口出生率呈整体下降趋势。1982 年，我国的家庭户均规模是 4.41 人；1990 年，我国的家庭户均规模是 3.96 人；2000 年，我国的家庭户均规模是 3.44 人；2010 年，我国的家庭户均规模是 3.1 人；2020 年，我国的家庭户均规模是 2.62

人。我国的家庭户均规模之所以在持续下降，一方面是由于我国人口流动日趋频繁，且住房条件在持续改善，使得年轻人婚后大多选择独立居住；另一方面是由于我国人口出生率持续下降，造成了家庭人口的降低。近年来，虽然我国推出的二孩政策、三孩政策对提升人口出生率产生了一定效果，但仍未能遏止人口下降的总体趋势。

2022 年，我国人口总数首次出现了负增长，几乎在同一时期，我国也迎来了“退休潮”。据预计，在 2022—2067 年这 45 年间，我国每年将会有超过 2000 万人退休。然而，2022 年我国的出生人口只有 956 万，2023 年我国的出生人口更是只有 902 万。也就是说，我国人口出生率的持续下降，造成养老金缴费人数的减少，进而会影响养老金的规模。

总之，长寿化、老龄化、少子化的共同作用，对我国未来养老金的总规模造成了极大压力。

（三）我国养老金的现状

在评估养老金水平时，有一个重要的指标叫养老保险抚养比，其计算方法如下：

养老保险抚养比 = 老年人口数 ÷ 参保人口数

公式中的老年人口数是指 65 岁及以上的人口数量，而根据上文的数据可知，在我国，该人口数量在逐年增加。近些年，我国的养老保险抚养比指标在逐年升高，这意味着参保人数在逐年减少。根据民政部发布的《2022 年度国家老龄事业发展公报》披露，2022 年我国 65 周岁及以上老年人口抚养比为 21.8%，与 2012 年的 12.7% 相比，增长了 9.1 个百分点，而这个数值在未来很长一段时间内还将持续升高。

此外，基本养老保险基金结余也能体现养老金水平的高低。所谓的基本养老保险基金结余，是指截至报告期末，基本养老保险基金收支相抵后的累计余额，其数额将直接体现养老金储备的规模大小。

根据中国社科院世界社保研究中心发布的《中国养老金精算报告 2019—2050》的数据，在“大口径”（包括财政补助）下，2019 年全国城镇企业职工基本养老保险基金累计结余为 4.26 万亿元，此后持续增长，到 2027 年将达到峰值 6.99 万亿元，然后开始下降，到 2035 年将会耗尽。由此可见，未来我国社保养老金的支付压力还是很大的。

目前，我国正在推动延迟退休。与其他国家相比，我国的法定退休年龄较早。延迟退休可以减轻养老金支付的压力。

下表是世界一些国家 2023 年的法定退休年龄。从表中不难看出，很多国家的法定退休年龄比我国的要大。

各国2023年的法定退休年龄

序号	国家	法定退休年龄（岁）	
1	美国	67	
2	英国	66	
3	德国	65	
4	日本	65	
5	意大利	男65	女60
6	阿根廷	男65	女60
7	澳大利亚	65	
8	韩国	65	
9	西班牙	65	
10	希腊	男65	女60
11	加拿大	65（60岁可提前领退休金）	
12	法国	64	
13	新加坡	62	
14	挪威	62	
15	瑞典	弹性制61—70	
16	印度	60	
17	俄罗斯	男60.5	女55.5
18	中国	男60	女55
19	智利	男55—65	女50—60
20	马来西亚	55	

资料来源：根据公开资料整理

2024年9月13日，第十四届全国人大常委会第十一次会议表决通过了《关于实施渐进式延迟法定退休年龄的决定》，并对外发布。根据该《决定》的规定，从2025年1月1日起，我国将用15年的时间，逐步将男职工的法定退休年龄从原60周岁延迟到63周岁，将女职工的法定退休年龄从原50周岁、55周岁，分别延迟到55周岁、58周岁。

从实施进度来看，改革目标不是一步到位，而是渐进式、以较小幅度逐步推进的。具体来说，从2025年1月1日起，男职工和原法定退休年龄55周岁的女职工，法定退休年龄每4个月延迟1个月，分别逐步延迟至63周岁和58周岁；原法定退休年龄50周岁的女职工，法定退休年龄每2个月延迟1个月，逐步延迟至55周岁。而且，职工达到养老保险最低缴费年限，可以自愿选择弹性提前退休，提前时间最长不超过3年，且退休年龄不低于原法定退休年龄。

此外，还有一项重要变化，那就是基本养老金的最低缴费年限提升了。具体而言，从2030年1月1日起，将职工按月领取基本养老金最低缴费年限由15年逐步提高至20年，每年提高6个月。

面对法定退休年龄的延迟，我们也应尽早做出规划，以保障自己能够拥有幸福美满的晚年生活。

二、哪些人最需要做养老金规划

（一）重点人群

为了保证自己能够拥有一个幸福安定的晚年生活，我们应该及早开始规划养老金。有几类人，应该在养老金规划上投入更多的财力和精力。下面我们来具体讲一下。

1. 年龄在 40 岁以上的人

这类人的养老需求是最强烈的，因为他们已临近退休年龄，必须对养老金做出详尽规划。而且这类人经过很多年的工作，往往拥有一定的财力，有能力在养老金上投入更多。

2. 没有社保的人

除尽快想办法缴纳社保外，这类人还需要用商业保险来补充养老。

3. 个体经营者

很多个体经营者不缴社保，他们也需要通过商业保险来为自己的养老做好规划。

4. 独生子女的家长

独生子女家庭未来可能会面临一对夫妻要照顾四个老人的状况。作为家长，需要尽早给自己规划好养老金，

这样未来才能减轻子女的赡养压力。

5. 工薪阶层

有些人可能觉得，工薪阶层普遍有社保，因此不用像上面几类人那样去做过多的养老规划，更没有必要购买商业保险。但是，正如我们之前所分析的，社保很可能无法充分保证退休后生活品质不受影响。因此，工薪阶层也要在养老上未雨绸缪，通过商业保险等方式给自己补充养老金。

（二）社保养老与商业保险养老的区别

社保养老和商业保险养老之间还是有一定差异的，商业保险养老可以对社保养老有所补充。下面，我们来分析一下社保养老和商业保险养老之间的区别。

第一，缴费时间不同。一般来说，个人缴纳社保养老金至少要满 15 年，到法定退休年龄之后才能领取养老金。而商业养老保险的缴费时间则可以自主选择，比如 5 年、10 年都是可以的。通常，我们建议采用 10 年期交的方式购买商业养老保险，这是一个比较合理的安排，可以利用时间的优势来解决养老问题。

第二，领取时间不同。社保养老金的领取时间依照相关的社保规定执行，需满足相应的退休条件，办理退休手续后方可领取。商业保险保险金的领取时间则根据保险合同的约定执行，可以由投保人自主选择。

第三，灵活性不同。商业保险的灵活性较强，投保人急用钱时，可以向保险公司申请保单贷款。目前我国多数保险公司规定，投保人通过手机即可申请保单贷款，最快当天申请即可到账。此外，年金险可以通过领取年金的方式，终身寿险可以通过减保的方式，将一部分资金变现，实现资金的流动性。社保的灵活性相对较差。社保资金不可随意支取，只能按照固定规则发放。

第四，收益率不同。就社保的收益来说，我们将来能领多少钱与当时的社会平均工资，以及很多计算系数有关，而各种系数是不断调整的。商业保险的收益情况是可以预期的，更有助于我们做出有针对性的养老规划。比如，年金险每年会返还固定的年金，终身寿险有确定的现金价值，分红险有公开的分红实现率。

三、如何利用分红险规划养老金

为了对社保养老进行有效补充，我们可以在有条件的情况下购买一些保险产品，以便为自己未来的养老生活提供更充足的现金流。

在目前的保险产品中，分红险无疑是一款非常适合做养老规划的产品。

首先，分红险的一部分回报是通过现金价值或年金体现的，清晰透明，可以在保险合同约定的时间内为我们提供资金。利用这个特性，我们就可以在退休后为自己准备一笔持续、稳定的资金，进而为我们的养老生活提供保障，让我们在晚年能够过上更加优裕的生活。而且，由于分红险目前的预定利率为 2%，在一定程度上可以确保资产稳健增长，所以也为我们的养老金增添了安全保障。

其次，分红险的红利部分会随着市场的繁荣而增长，这可以使我们能够享受到经济增长的福利。退休后，我们可以用这部分资金满足自己更多的需求，比如上老年大学、旅游、为子女提供资助等。

再次，分红险是“进可攻，退可守”的产品。就资金支取方式而言，我们可以采取年领、月领的方式，细水长流地为养老生活提供资金支持；也可以在需要买房、买车或者子女婚嫁时，一次性把钱领出来。而且，我们还可以设计为终身领取，给自己的养老生活提供一份长期稳定的保障。换句话说，分红险的灵活性非常高，我们如何设计完全取决于自己的意愿和规划目标。

最后，分红险还有重要的人身保障功能。设想一下，万一被保险人不幸出了意外，保险公司会按照保费 1.2

倍、1.4 倍或 1.6 倍的金额给予赔偿，这相当于起到了一个资金杠杆的作用。这笔保险赔偿金可以用于子女的教育、家庭的日常开销，为家人提供一定的经济保障，帮助他们度过生命中的艰难时刻。

第九章 用分红险平衡房地产投资中的风险

一、新形势下的房地产投资策略

前些年，我国房地产市场处于高速发展的“黄金期”，彼时，房地产投资可能是国人最热衷的投资方式之一。而且由于房地产行业的持续火热，该资产也为投资者带来了丰厚的收益。

随着我国房地产市场趋于平稳，房地产投资的风险也在逐渐变大。那么，我们还要投资房地产吗？当然可以投资。但是面对目前我国房地产市场的变化，我们在投资时不能过于盲目，一定要根据政策环境、经济发展态势、个人财务状况等情况，做好投资结构优化和资金配置调整。

1. 投资结构优化

投资结构优化包含两个方面：集中和分散。

“集中”是指房地产投资要集中于城市核心地段的“好房子”。之所以这样，是因为远郊房和低品质房的增值潜力不大。不过，非核心地段的房子也未必一定不是“好房子”，这需要我们谨慎判断。总而言之，通常我们在城市核心地段买一两套“好房子”即可。这样，不仅房产的价值比较高，具有一定的增值潜力，而且即使未来开征房产税，需要缴税的房产面积也会较少，甚至可能无须缴税。

“分散”是指房地产投资要分散在多个城市。房地产税是地方税种，不同城市的房产存在不累加计算的可能性。因此，在多个城市分散购买房产，大概率可以分散投资风险，降低税费支出。至于效果如何，则取决于我国未来的房地产税政策。

2. 资金配置调整

根据美国联邦储备委员会公布的数据，截至 2022 年末，在美国家庭的财富构成中，房产所占比重为 30% 左右，金融资产占比高达 70%。

我国与美国恰好相反。根据中国人民银行调查统计司城镇居民家庭资产负债调查课题组 2020 年公布的统计数据，在我国家庭的财富构成中，居民住房资产占比近 70%，金融资产占比为 20.4%。这种财富结构的弊端是，一旦房地产市场发生较大的波动，就会使财富缩水，进而给生活品质造成一定的影响。此外，根据全球各国的情况，房产在家庭财富构成中的占比在 30%—50% 之

间比较合适。由此可见，房产在我国家庭财富的构成中所占的比例显然太高了，因此必须做出调整。

我们建议把 50% 的家庭财富转入房产之外的其他资产内，以减轻房产在家庭财富构成中的比重。实体经济是国家经济繁荣的基础，也是所有资产稳步增长的源头活水，所以我们可以把一些财富转移到实体经济中。但是，实体经济往往规模较大，投入较多，还具有一定的专业性，普通人很难直接投资实体经济。因此，我们需要找到一个中间产品，比如金融产品。也就是说，我们可以把一部分房产变现，投入到金融产品中，将其转化为金融资产。

二、分红险在资产配置中的作用

将房产转化为金融资产，是应对房地产投资风险，优化资产配置的重要手段。然而，随着房地产市场发展趋缓，大量资金开始涌入金融市场，一些问题也开始凸显出来。

改革开放初期，我国金融市场资金匮乏，国家需要大量资金来投入建设、激活经济。因此，为了吸纳资金，银行的利率非常高。比如，1989 年，8 年期整存整取的存款曾达到过17.64%的超高利率。当时很多外资之所以愿意进入我国市场，也是因为受到高利率的吸引。然而，随着我国改革开放的脚步加快，国民经济快速增长，金融市场资金越来越充裕，银行利率也在慢慢下降。近年来，为了刺激国内经济增长，降低借贷成本，鼓励消费，我国的银行利率呈现出明显的下调趋势。由于利息收入是金融市场盈利的主要来源之一，因此随着利率不断降低，人们在金融市场投资的收益也随之下降。

在这种市场情况下，分红险的优势就凸显出来，主要表现在以下几个方面。

1. 分红险的固定回报可以对冲利率下降的风险

分红险的固定回报相当于保底利率，这意味着，分红险可以保证我们拥有一部分固定的回报，且不受利率下降的影响。

此外，由于分红险的回报写在保险合同中，是受法律保障的，所以可以保证我们拥有长期、稳定的回报。尤其是期限较长的分红险，更适宜我们用来做长期资产配置，进行养老、子女教育等方面的规划。

2. 分红险的浮动回报可以享受到市场红利，对冲通货膨胀的风险

分红险的浮动回报来自保险公司的经营成果，这意味着，在经济形势良好的情况下，分红险的浮动回报通

常也会随之增长，让我们享受到市场发展的红利。此外，这部分回报也可以在一定程度上对冲通货膨胀的风险，实现资产的保值。

3. 分红险可用于资产传承

长期来讲，资产都会涉及传承的问题。分红险可以作为一种财富传承工具，通过在保险合同中设计好保单架构，帮助我们有效实现资产传承。比如，投保人或被保险人可以按照自己的意愿设置受益人，从而实现资产的平滑传承。同时，用保单进行资产传承，也可以减少继承过程中可能会出现的问题。比如，用保单传承可以减少继承过程中的税费支出等。

4. 分红险具备一定的资金灵活性，便于对资产进行规划

分红险具备一定的资金灵活性，我们可以根据自己的不同需求，比如养老、子女教育等，选择不同的保险金额、保险期限和交费方式，做出中期、长期的资产规划。如果临时需要用钱，我们还可以通过保单贷款等方式来灵活取用资金。

总之，在房地产市场增长减缓的大背景下，分红险是一个较好的资产配置选择。我们不妨将一部分房产投资转换为分红险，以便对资产做出更合理、更安全的配置。

第十章 用分红险规避婚姻财富风险

一、我国的夫妻财产制度

在婚姻生活中，很多问题与财富相关。比如，结婚前开的公司，婚后是否会变成夫妻共有？房产是在婚前买好还是在婚后买好？婚前银行存款的利息或投资收入是否会变成夫妻共同财产？若想赠与孩子财产，什么时候比较合适？想和配偶离婚，但有些财产不想因离婚而被分割，有哪些方法？其实，这些问题都能在法律中找到明确的答案。

下面，我们就来讲解一下我国的法定夫妻财产制和约定夫妻财产制。这两个概念对回答上述问题至关重要。

（一）法定夫妻财产制

法定夫妻财产制是指按照法律规定所适用的处理夫妻财产关系的财产制度。如果夫妻婚前或婚后没有订立夫妻财产协议，或者虽然订立了夫妻财产协议，但协议无效，那么夫妻财产将依照法定夫妻财产制确定其归属。

法定夫妻财产制分别规定了夫妻婚前和婚后财产的归属权。

1. 夫妻婚前财产的归属

我们来看一下《民法典》的相关规定。

> 第一千零六十三条　下列财产为夫妻一方的个人财产：
> （一）一方的婚前财产；
> （二）一方因受到人身损害获得的赔偿或者补偿；
> （三）遗嘱或者赠与合同中确定只归一方的财产；
> （四）一方专用的生活用品；
> （五）其他应当归一方的财产。

根据上述法条的规定，我们可以知道，以下财产为夫妻个人财产。

（1）一方的婚前财产

所谓婚前财产，就是在结婚登记之前，已经明确属于夫妻一方的个人财产。比如，夫妻一方在婚前全款购买的房产、个人存款等，在婚后依旧属于其个人财产，离婚时配偶无权分割。

此外，婚前财产在婚后产生的孳息和自然增值也属于个人财产。我们来看一下《最高人民法院关于适用〈中华人民共和国民法典〉婚姻家庭编的解释（一）》（以下简称《民法典婚姻家庭编司法解释（一）》）的规定。

第二十六条　夫妻一方个人财产在婚后产生的收益，除孳息和自然增值外，应认定为夫妻共同财产。

孳息包括法定孳息和天然孳息。法定孳息，是指由法律规定产生了从属关系，物主因出让所属物在一定期限内的使用权而获得的收益。比如，存款利息、房屋租金等。天然孳息，是指按照自然规律获得的收益。比如，大马生小马、果树产果、种子变成粮食等。自然增值，是指并非由于财产所有人个人原因而造成的财产增值，比较常见的如房屋涨价。

需要注意的是，夫妻一方的婚前财产在婚后依旧归个人所有，前提是在婚后不要与夫妻共同财产混同。

（2）一方因受到人身损害获得的赔偿或者补偿

比如，工伤的赔偿款、保险公司给付的理赔款等。

（3）遗嘱或者赠与合同中确定只归一方的财产

比如，父母在离世之前写下遗嘱，明确表示自己的某套房产由儿子继承，与其他人无关，那么这套房产就属于儿子的个人财产，与其配偶无关。

在现实生活中，有些人认为从父母那里继承的财产都是个人财产。其实不然。如果父母没有立遗嘱或没有在遗嘱中指定财产归子女个人所有，则子女继承的财产将会被认定为夫妻共同财产。

（4）一方专用的生活用品

比如衣服、牙刷、饰品、化妆品等专属于夫妻一方的生活用品，也属于其个人财产。需要注意的是，所谓的“一方专用的生活用品”，其价值不能过高。比如价值数十万元的名表、价值 100 万元的钻石项链，虽然也是个人使用，但并不属于夫妻一方的个人财产，而是属于夫妻共同财产。

（5）其他应当归一方的财产

这是一条兜底条款，为了应对现实生活中复杂的情况，需要根据具体情况来做判断。比如，丈夫在结婚纪念日用微信给妻子转了 1314 元，虽然用的是自己的工资，属于夫妻共同财产，但这笔钱大概率会被认定为丈夫对妻子的赠与，属于妻子的个人财产。

2. 夫妻婚后财产的归属

法定夫妻财产制将夫妻任何一方在婚后获得的财产优先推定为夫妻共同财产。我们来看一下《民法典》的相关规定。

第一千零六十二条　夫妻在婚姻关系存续期间所得的下列财产，为夫妻的共同财产，归夫妻共同所有：

（一）工资、奖金、劳务报酬；

（二）生产、经营、投资的收益；

（三）知识产权的收益；

（四）继承或者受赠的财产，但是本法第一千零六十三条第三项规定的除外；

（五）其他应当归共同所有的财产。

夫妻对共同财产，有平等的处理权。

根据上述法条的规定，以下财产属于夫妻共同财产。

（1）工资、奖金、劳务报酬

工资、奖金和劳务报酬就是夫妻在婚姻关系存续期间获得的各种劳动收入。在现实中，有些家庭以夫妻一方的收入作为家庭唯一的收入来源，所以有收入的一方会觉得离婚时配偶无权分割自己的收入。但在法律上，这是不允许的。也就是说，在夫妻关系存续期间，无论工资、奖金、劳务报酬等收入的来源是夫妻一方还是夫妻双方，都属于夫妻共同财产。

（2）生产、经营、投资的收益

通过做生意、买卖股票、买理财产品、投资房地产等方式获得的收益，都叫生产、经营、投资的收益。从结婚登记的那一天开始，这些收益都属于夫妻共同财产。

（3）知识产权的收益

对很多脑力工作者来说，知识产权非常重要。比如，英国女作家 J.K. 罗琳凭借《哈利·波特》这一套书的知识产权，就获得了超过 10 亿美元的收益。罗琳在写《哈利·波特》之前，有过一段失败的婚姻，之后又再婚。假设罗琳是一个中国作家，且再婚前没有做婚前财产的约定，那么从她结婚那天开始，《哈利·波特》后续产生的知识产权收益都属于夫妻共同财产。

（4）继承或者受赠的财产

这是夫妻离婚分割财产时最容易产生纠纷的财产。如果遗嘱或赠与合同中没有明确表明财产只归夫妻一方，则相应财产属于夫妻共同财产。比如，如果父母在儿子婚后全款给他购买了一套房产，但没有明确约定该房产归儿子个人所有，那么即使父母将房子登记在儿子的名下，按照法律规定，这套房产也仍然属于夫妻共同财产。

（5）其他应当归共同所有的财产

关于哪些财产属于“其他应当归共同所有的财产”，《民法典婚姻家庭编司法解释（一）》的规定如下：

第二十五条　婚姻关系存续期间，下列财产属于民

法典第一千零六十二条规定的“其他应当归共同所有的财产”：

（一）一方以个人财产投资取得的收益；

（二）男女双方实际取得或者应当取得的住房补贴、住房公积金；

（三）男女双方实际取得或者应当取得的基本养老金、破产安置补偿费。

（二）约定夫妻财产制

夫妻双方可以在婚前或婚后订立财产协议，对婚前和婚后财产的归属、使用、收益和分配等事项做出约定。我们来看一下《民法典》的相关规定。

第一千零六十五条　男女双方可以约定婚姻关系存续期间所得的财产以及婚前财产归各自所有、共同所有或者部分各自所有、部分共同所有。约定应当采用书面形式。没有约定或者约定不明确的，适用本法第一千零六十二条、第一千零六十三条的规定。

夫妻对婚姻关系存续期间所得的财产以及婚前财产的约定，对双方具有法律约束力。

夫妻对婚姻关系存续期间所得的财产约定归各自所有，夫或者妻一方对外所负的债务，相对人知道该约定的，以夫或者妻一方的个人财产清偿。

可见，夫妻双方在婚前和婚后都可以进行财产约定，且约定的方式非常灵活。具体来说，夫妻双方既可以约定婚前财产和婚后财产归各自所有，也可以约定归共同所有，还可以约定部分归个人所有、部分归共同所有。

但是，夫妻双方在进行约定时要注意以下三点。

第一，约定要采用书面形式，而且约定内容一定要明确，否则可能会无效。

第二，约定只对双方具有法律约束力，不能影响善意第三方。

所谓的善意第三方，是指没有过错的第三人。比如，夫妻一方借钱之后无法偿还，债权人要求债务人的配偶进行偿还。这时，债务人声称自己与配偶之前签订过财产协议，协议中规定夫妻一方的债务只能以个人财产清偿，因此配偶无须偿还这笔债务。在这种情况下，债权人依然有权利要求债务人的配偶偿还债务。因为债权人是善意第三方，并不了解债务人与配偶之间存在财产协议，所以仍然有权要求债务人的配偶偿还债务。假如债务人在借钱时将自己和配偶之间的财产协议告知过债权人，债权人在知道该情况后依然决定把钱借给债务人，则债权人无权要求债务人的配偶偿还债务。

第三，约定夫妻财产制的效力高于法定夫妻财产制。

在离婚分割财产时，如果夫妻双方之前有关于婚前和婚后财产的协议，则要先按协议约定进行分割，协议中未约定的财产则按法定夫妻财产制进行分割。

二、婚姻财富风险防范及分红险在其中的作用

（一）婚前房产未规划，婚变分割难保全

我们来看一个案例。

张阿姨家住大城市，她的儿子准备和外地姑娘小刘结婚。张阿姨一直不太看好儿子的这段感情，觉得小刘太精明，和儿子结婚是图谋自己家的财产。由于担心儿子万一以后和小刘离婚，家里的财产就要被小刘分走一半，张阿姨把家里的财产看得很紧，不肯交到儿子手中。

后来，张阿姨听人说，婚前房产属于个人财产，而且在婚后的增值部分也归个人所有。所以，在儿子结婚之前，除了把一套自己名下的房子过户给儿子，张阿姨又放心大胆地以儿子的名义买了两套房产作为投资。她觉得就算儿子以后离婚，房子也不会被分割，可以归儿

子个人所有，自己的财产也不会受损失。

三年后，儿子和小刘离婚了。张阿姨以为算无遗策，结果还是遭到了巨大损失。原来在婚姻关系存续期间，小刘与张阿姨的儿子商量后，在三套房子上加上了自己的名字，导致房产变成了夫妻共同财产。

由上述案例可见，虽然婚前全款购买的房产属于夫妻一方的个人财产，但也有可能在婚后变成夫妻共同财产。比如，婚后夫妻二人觉得房子离公司太远、户型不好，或居住面积太小，于是决定把房子卖掉，再添点钱买一套更好的房子，而购买新房用的钱是夫妻二人婚后的共同收入，这样一来，新房就会变成夫妻共同财产。再比如，像小刘一样婚后要求在房产证上加上自己的名字，也可以将原本属于夫妻一方的个人财产变成夫妻共同财产。

像张阿姨这种情况，如果既想把房产放在子女名下，又不想让房产成为子女和配偶的夫妻共同财产，那么该如何规划呢？在这里，我们建议采用以下四种方法。

1. 写借条

给子女买房时，如果子女已婚，父母可以要求子女写一张借条，同时要求其配偶在借条上签字，这相当于子女及其配偶向父母借款购买了房产。本质上，这笔借款属于夫妻共同债务，所以无论房产证上写谁的名字，在离婚分割房产时，子女及其配偶都需要先偿还这笔借款。这样的话，父母至少可以减少一部分损失。

2. 进行房产反向抵押登记

父母在把房产过户给子女之后，可以和子女签订一份《主债权及不动产抵押合同》，让子女再把房产抵押给自己。在办理完抵押手续之后，在不动产登记中心的系统中，相应房产会有一个抵押物标识。这样的话，一旦子女离婚，父母就可以凭借抵押合同将房产收回，避免房产的损失。

此外，父母在抵押合同中还要明确约定，子女不得私自转让抵押房产。虽然《民法典》第四百零六条规定，“抵押期间，抵押人可以转让抵押财产”，但该法条还规定“当事人另有约定的，按照其约定”。因此，这条约定非常重要。

签订抵押合同有四个好处。第一，因为有不得私自转让抵押房产的约定，相应房产无法被出售；第二，由于房产已经被抵押，房产证上很难再加别人的名字；第三，房产无法再做抵押；第四，不会影响居住和出租。

3. 适量赠与

父母可以赠与子女房产，但不要赠与太多房产。像张阿姨这种把三套房产都放在儿子的名下，一旦儿子婚姻破裂，就可能造成比较大的损失。

此外，如果父母想在子女婚后赠与房产，一定要与子女签订赠与协议，而且协议中要写明房产仅赠与子女个人，与其配偶无关，这样就能避免因子女离婚而造成的财产损失。

4. 用保单替代房产

前面我们讲过，房产在婚后的归属情况是比较复杂的。比如，婚后夫妻二人换房，在房产证上增加配偶的名字等，都可能导致原本属于夫妻一方的房产，全部或部分转化为夫妻共同财产。虽然我们可以采用上述三种方法来规避一部分风险，但其中衍生出的问题也很多。比如，写借条可能会影响子女与配偶的夫妻关系；签订房产抵押合同，无法保证房产完全不属于夫妻共同财产；适量赠与也可能只是让损失变得相对较小而已。因此，如果父母希望在子女结婚时给予资助，更建议采用赠与保单而不是房产的形式。

比如，张阿姨就可以采用购买保险的方式来为儿子提供资助。张阿姨可以在儿子结婚前，为儿子购买一份分红险。如果张阿姨在儿子结婚前完成了交费，这份保单就属于儿子的婚前个人财产。由于保单上的交费时间、投保人姓名等信息都是明确的，所以在儿子结婚之后，这份保单仍然是其个人财产。

如果张阿姨在儿子结婚前没有完成交费，那么为了避免保单成为儿子及其配偶的夫妻共同财产，张阿姨有以下两种选择。

第一，张阿姨将保单的投保人变为自己，来交纳剩余的保费。这样的话，保单及其未来的分红属于张阿姨，与儿子及其配偶无关，即使儿子离婚了，保单也不会被分割。当然，待保费交完后，张阿姨可以再将投保人变更为儿子。需要注意的是，在将投保人变更为儿子时，张阿姨需要和儿子签订一份赠与协议，以保证保单所有权归儿子一人所有，否则，变更后的保单可能会变成张阿姨对儿子及其配偶的共同赠与。

第二，张阿姨仍然可以让儿子做投保人，但需要将剩余保费单独存入儿子婚前开设的银行卡中，同时儿子还要确保，在婚后不要再往这个账户内存入其他资金。这样也可以确保保单在婚后依然属于儿子的个人财产。一旦账户内的资金和儿子婚后的收入混同，该保单就有可能被认定为儿子及其配偶的夫妻共同财产。

（二）父母给“我”的钱，配偶也能分吗

运用好分红险的保单架构设计，我们还可以为婚姻财富设计出不同功能的防火墙。下面，我们通过另一个案例来进行说明。

王先生在女儿举行婚礼当天向其转了 299 万元，作为女儿的陪嫁。婚后一年，女儿由于夫妻感情不和离婚了。离婚前，女儿将 270 万元转给了王先生。离婚后，王先生的前女婿发现了这件事，于是向法院提起诉讼，要求分割这 270 万元。王先生的女儿则认为这笔钱是父母赠与自己的，前夫没有权利分割。法院最后的判决结果是，这笔钱男方分得 179 万元，女方分得 91 万元。

有人可能会问，这 270 万元原本是王先生给女儿的陪嫁，最后男方却分得了更多的钱，这是怎么回事呢？我们来看一下《民法典》的相关规定。

第一千零九十二条　夫妻一方隐藏、转移、变卖、毁损、挥霍夫妻共同财产，或者伪造夫妻共同债务企图侵占另一方财产的，在离婚分割夫妻共同财产时，对该方可以少分或者不分。离婚后，另一方发现有上述行为的，可以向人民法院提起诉讼，请求再次分割夫妻共同财产。

就上述案例来说，虽然那 299 万元是王先生在女儿领取结婚证后、举办婚礼时赠与女儿的，但王先生没有明确说明只赠与女儿一人，所以那笔钱被法院认定为是王先生赠与女儿及其配偶双方的，属于夫妻共同财产。王先生的女儿在离婚前将270万元转给了父亲，有转移夫妻共同财产的嫌疑，所以法院才会判决她少分一部分财产。

在现实生活中，除了房产，很多父母在子女即将结婚时也会给予资金支持。但是，由于金融资产的流动性强，所以父母在子女婚前赠与的资金很容易变成子女及其配偶的夫妻共同财产。此外，有些父母在子女婚后仍旧会给予子女一些资金，用来帮助子女的小家庭。这固然体现了父母对子女的爱，但父母在子女婚后赠与的资金有可能被认定为子女及其配偶的夫妻共同财产。无论是哪种情况，一旦子女发生婚变，父母赠与子女的资金就会被分割，这恐怕是所有父母都不愿意看到的。

针对上述婚姻财富风险，我们建议采用以下三种方法来规避。

1. 签订赠与协议或代持协议

父母在赠与子女大额资金时，可以与子女签订赠与协议，并注明这笔资金仅赠与子女一人，与其配偶无关。此外，父母也可以与子女签订代持协议，声明子女代替自己持有相应资金，并要求子女的配偶签订知情函。这样，这笔资金的所有权就仍然属于父母，不会成为子女及其配偶的夫妻共同财产。

2. 防止婚前存款和婚后收入混同

随着社会的发展，人们的结婚年龄普遍比以前更晚，因此，很多人在结婚时已经积攒了一部分财富。此外，对于经济条件比较优越的家庭，父母通常也会在子女将要结婚时赠与一笔资金，帮助子女组建新家庭。

我们建议，在领结婚证之前，子女要把自己的婚前积蓄和父母赠与的资金单独存在一张银行卡内。因为这笔钱是子女在婚前存入银行的，所以属于其婚前个人财产。婚后，如果父母还想给予资金支持，也可以把钱转到这张银行卡内。此外，建议父母在转账时加一个备注，注明这笔资金是赠与子女个人的，与其配偶无关。父母不必担心这种方式会伤害子女及其配偶的夫妻感情。在正常状态下，很少有人会去查配偶的资金流水，但在非正常状态下，这则小小的备注就能发挥重要的作用。

还有一件事需要特别注意，那就是子女在婚后处理这张银行卡内的资金时，最好只从该账户内取钱、花钱，不再往该账户内存钱。一旦婚后有资金进入该账户，且资金的来源很难说清楚，该账户内的资金就有被认定为夫妻共同财产的风险。总之，子女要切记，婚前存款千万不要与婚后收入混同。子女可以将婚后收入存入其他银行卡内，这样就能把婚前财产和婚后财产隔离开来。

3. 采用购买保险的方式赠与子女现金

正如上文所讲，父母在子女婚前或婚后赠与子女的现金，很容易和子女的各项婚后收入混同，从而变成子女及其配偶的夫妻共同财产。因此不建议父母直接赠与子女现金。相对而言，父母为子女购买保险，则是一种比较妥当的财富赠与方式。

如果父母为子女购买了一份分红险，那么借助合理的保单架构设计，就可以避免赠与子女的财产变成子女及其配偶的夫妻共同财产，有效隔离子女的离婚风险。

比如，王先生可以在女儿婚前购买一份分红险，并将投保人和被保险人设定为女儿，将受益人设定为自己，同时一次性交完保费。这样做有以下三个好处。

第一，王先生的女儿是投保人，且在婚前完成了投保，因此这份保单属于她的个人财产，与其配偶无关。即便女儿发生婚变，这份保单也不会被分割。

第二，女儿作为投保人，可以享受分红险的分红，这相当于王先生为女儿提供了一份长期、稳定的资助。此外，分红是保单的投资回报，每年都有，属于女儿及其配偶的夫妻共同财产，可以改善小两口的家庭生活，避免了将大额资金一次性给女儿后可能发生的挥霍风险。

第三，女儿作为被保险人，万一不幸身故，作为受益人的王先生可以领取分红险的身故保险金，这样这笔财产就不会外流。

（三）十年夫妻路，分手两茫茫

我们再来看一个案例。

李梅与孙先生结婚10年了，两人育有一个8岁的女儿。婚后不久，孙先生就失业了，一直待业在家，整个家庭都靠李梅的工资来维持。孙先生不仅不感激妻子的付出，还经常疑心妻子有婚外情，两人为此总是吵架，慢慢还发生了肢体冲突。

有一天，李梅因为加班很晚才回家。孙先生怀疑她在外面鬼混，一怒之下打了她两个耳光。丈夫的暴力行为让李梅意识到，这段婚姻已经无法挽回，于是提出了离婚。

李梅提出，离婚后，女儿由自己抚养，而房产应该属于自己、孙先生及女儿共有，因此自己可以按照目前房产市场价值的三分之一折算为现金给孙先生，之后房产归自己和女儿所有。但孙先生不同意。他认为房产是他在婚前购买的，房产证上也只有他一个人的名字，因此房产属于他的个人财产，李梅没有权利分割。此外，孙先生还主张，李梅攒的钱是夫妻共同财产，应该分给自己一半。

就上述案例中的情况，究竟应该如何分割财产呢？结合前面讲过的法定夫妻财产制，我们不难判断，由于房产是孙先生在婚前购买的，所以属于其个人财产，李梅无权分割；李梅婚后的收入属于夫妻共同财产，孙先生有权分割。尽管从情理上来讲，我们很同情李梅的遭遇，但从法理上来讲，孙先生的诉求更可能得到法律的支持。

若想规避此结果，李梅可以采用以下两种方法来规划。

第一，李梅可以与孙先生沟通，在房产证上加上自己的名字，或者把房子卖了，再添点钱买一套新的房子，这样房产就变成了夫妻共同财产。

第二，李梅可以将一部分家庭资金用于购买保险。

比如，李梅可以购买一份分红险，将自己设定为投保人和受益人，女儿设定为被保险人。这样做有以下好处。

首先，每年的保单分红属于投保人李梅，这笔钱可以用作家庭的消费支出，保证家庭生活。

其次，虽然保单的现金价值属于夫妻共同财产，但保单的退保、保单贷款等必须由投保人李梅办理，孙先生是无权处置的，这样可以确保保单内的资金不会被孙先生掌控。

最重要的是，这份保单在李梅和孙先生离婚时可能不会被分割。由于女儿是被保险人且未成年，所以在李梅和孙先生离婚时，这类架构的保单可能会被视为父母对未成年子女的赠与。因此，为了保证未成年子女未来的教育和生活，这份保单大概率不会作为夫妻共同财产被分割。即使保单被分割，也是按照现金价值而不是所交保费进行分割。而分红险保单的现金价值在前几年相对较低，这相当于降低了保单分割时的基数。

此外，为子女购买保险，一般也不会存在婚内转移夫妻共同财产的嫌疑。如果李梅今后再婚，这份保单可以成为其婚前个人财产，能起到保全婚前个人财产的作用。

（四）分红险在婚姻财富风险防范中的作用

看完上面三个不同的案例和解决方案之后，我们再来总结一下，在用分红险防范婚姻财富风险时应该如何操作，以及这样操作的好处。

父母通过购买分红险赠与子女资产，的确能有效防止因子女婚变而引起的财产分割风险。但是，父母在购买分红险时，一定要注意保单架构的设计，也就是要设计好投保人、被保险人、受益人。

我们建议，父母在给子女购买分红险时，最好在子

INSURENCE
POLICY

女婚前交完保费，至于保单架构，应该由父母做受益人，子女做投保人和被保险人。

这种保单架构有以下四个好处。

第一，防止保单被分割。由于父母在子女婚前已经交完了保费，所以该保单属于子女的婚前个人财产，在子女离婚时不会被分割。

第二，为子女生活提供资助。子女作为投保人，可以每年获得分红险的分红。这相当于父母给了子女一笔长期、稳定的资助，方便其用于教育、养老等方面。此外，子女也可以用退保的方式将资金取出，用于购买房产、汽车等较大支出。

第三，防控极端风险。父母作为受益人，在子女因意外身故后，可以领取身故保险金，从而使保单财产回流到父母的手中。

第四，实现财富传承。父母还可以把受益人变更为自己的孙辈，以实现财富传承，但要在孙辈成年后再做变更。若提前变更，一旦子女先于父母离世，身故保险金会赔给孙辈，此时，由于孙辈尚未成年，子女的配偶会代替孙辈管理这笔资金。如果子女的配偶再成立新的家庭，这笔钱可能会用在新的家庭中，进而导致财富外流。

第十一章　用分红险实现家族财富传承

一、法定继承及其风险

在本章的开始，先来问大家几个问题。

第一个问题：如果有一个人是家中的独生子，那么他父母的遗产是不是就应该全部由他来继承，与其他人没有关系呢？

第二个问题：如果继承人对遗产的分配没有异议，都愿意按照法律的规定来继承遗产，那么在办理继承手续时究竟有哪些流程呢？

第三个问题：在继承遗产的过程中，继承人究竟要办理哪些手续，准备哪些材料呢？这中间可能存在哪些问题呢？

第四个问题：如果一个人离世前留有遗嘱，对他遗产的继承是否就一定会按照遗嘱来执行呢？

相信有很多人不知道这些问题的答案。

遗产继承通常是和亲人的死亡密切相关的，因此很多人不愿意提及这个话题，也不会主动去了解相关的法律知识。实际上，继承是一个非常复杂的问题，涉及很多具体情况。而且近年来，由于我国经济的持续繁荣，居民的家庭财富普遍增长，由财富继承引发的纠纷也越来越多。因此，了解财富继承方面的知识和其中隐藏的风险是非常有必要的。

（一）法定继承的继承人

关于法定继承中应该由谁来继承遗产，我们先来看一下《民法典》的相关规定。

第一千一百二十七条　遗产按照下列顺序继承：

（一）第一顺序：配偶、子女、父母；

（二）第二顺序：兄弟姐妹、祖父母、外祖父母。

继承开始后，由第一顺序继承人继承，第二顺序继承人不继承；没有第一顺序继承人继承的，由第二顺序继承人继承。

本编所称子女，包括婚生子女、非婚生子女、养子女和有扶养关系的继子女。

本编所称父母，包括生父母、养父母和有扶养关系的继父母。

本编所称兄弟姐妹，包括同父母的兄弟姐妹、同父

异母或者同母异父的兄弟姐妹、养兄弟姐妹、有扶养关系的继兄弟姐妹。

根据上述法条的规定，我们可以知道，遗产的第一顺序继承人包括配偶、子女、父母。其中，子女既包括婚生子女，也包括非婚生子、养子女和有扶养关系的继子女；父母既包括生父母，也包括养父母和有扶养关系的继父母。

如果没有第一顺序继承人，则由第二顺序继承人来继承遗产。第二顺序继承人包括兄弟姐妹、祖父母、外祖父母。其中，兄弟姐妹包括同父母的兄弟姐妹、同父异母或者同母异父的兄弟姐妹、养兄弟姐妹、有扶养关系的继兄弟姐妹。

需要注意的是，孙辈并不是法定继承人，但可以代位继承。我们来看一下《民法典》的相关规定。

第一千一百二十八条　被继承人的子女先于被继承人死亡的，由被继承人的子女的直系晚辈血亲代位继承。

被继承人的兄弟姐妹先于被继承人死亡的，由被继承人的兄弟姐妹的子女代位继承。

代位继承人一般只能继承被代位继承人有权继承的遗产份额。

此外，如果第一顺序继承人和第二顺序继承人全部在被继承人身故前去世，且被继承人生前没有将遗产遗赠给其他人，则遗产将归国家或集体所有。《民法典》对此的规定如下：

第一千一百六十条　无人继承又无人受遗赠的遗产，归国家所有，用于公益事业；死者生前是集体所有制组织成员的，归所在集体所有制组织所有。

由此我们可以知道，即便一个人是家中的独生子，他可能也并非父母遗产的唯一法定继承人。换句话说，他只是父母遗产的第一顺序继承人之一，除他之外，可能还包括父母的配偶和父母。无论遗产的价值高低，如果继承人依照法定继承程序来继承遗产，都需要按照以上继承顺序来执行。

（二）法定继承的流程

法定继承的流程大致包括以下六个步骤。

第一步，全部继承人合议，初步确定继承方案。该方案需全体继承人共同认可。

第二步，准备相关证明材料。比如，被继承人的死亡证明、被继承人的遗产证明、继承人的身份证明等。

第三步，继承人到当地公证机关申请办理继承权公证，并根据公证机关的要求填写相关文件，提供相关证明材料。

第四步，公证机关进行尽职调查。比如，公证机关会调查继承人提供的相关证明材料是否真实全面、是否存在遗嘱等情况，以确保相关证明材料真实可靠，申请合法合规。

第五步，公证机关完成尽职调查后，所有继承人共同到公证机关办理双录程序。如果有些继承人因特殊原因无法到场，则需要提供相关授权文件，授权他人代替其办理相关手续。

第六步，继承人交纳继承权公证费，公证机关开具继承权公证书。之后继承人持公证书、证明材料，到相应的财产处置部门办理财产过户手续。

以上六个步骤，如果都比较顺利，整个流程需耗时三个月左右；如果不顺利的话，相应时间会更长。

（三）法定继承中的常见问题

按照法定继承的方式继承遗产，听起来似乎没有太大问题。但在实际生活中，往往会出现一些复杂的状况，可能导致整个继承过程极其漫长。甚至会出现经过很长时间，耗费很多精力，却仍旧无法完成继承的情况。

下面，我们来总结一下法定继承过程中经常会出现的一些问题。

1. 继承人不清楚遗产情况

在现实生活中，很多继承人可能并不了解被继承人有哪些财产；即便了解，可能也难以找到继承这些财产所需的证明材料。比如，子女知道父母有存款，却找不到银行卡；房产就在那里，却找不到房产证；父母曾经把钱借给别人，却找不到借款合同或借据。此时，继承人就需要办理一系列的复杂手续，来获得相应的证明材料。在此过程中，有些可能存在的遗产会因为缺乏证明材料而无法被继承。

2. 继承人之间存在矛盾

如果继承人较多，那么多个继承人可能对财产的认定存在分歧，对继承方案无法达成统一的意见，结果产生纠纷、冲突。

3. 继承人无法提供相关材料

继承人与被继承人的亲属关系证明、被继承人的死亡证明等，都是办理法定继承不可或缺的材料。继承人需要完整、合规地提供这些材料，否则就可能无法办理继承权公证。

然而，在现实生活中，继承人可能很难提供这些材料。比如，父母去世后，除子女之外，祖父母和外祖父

母也属于第一顺位继承人。因此，在办理继承权公证时，公证机关会要求子女提供祖父母或外祖父母的死亡证明。但在实际生活中，当父母去世时，祖父母、外祖父母往往可能已去世很久，所以要找到他们的死亡证明难度很大。此时，子女就需要去祖父母或外祖父母的户口所在地的派出所，请求户籍管理部门开具死亡证明。同时，子女还需要准备好相应的证明材料，才能顺利开具死亡证明。

下面，我们来看一个案例，以更好地理解这一点。

小刘的父亲一年前病故了，她想把父亲名下的一套房子过户到自己名下。小刘是独生女。她认为只要母亲同意放弃继承房产，自己就可以顺利过户。然而，她却被继承手续难住了。

办理继承手续需要办理房屋价值评估、继承权公证、房屋产权登记等一系列手续。小刘没想到，除了要提供父亲的死亡证明、自己的身份证、自己与父亲的父女关系证明、母亲与父亲的结婚证、母亲放弃继承权声明等相关材料，还要提供祖父母的死亡证明。

小刘的祖父母已经去世几十年了，死亡证明根本无法找到。小刘想到派出所开具一份祖父母的死亡证明，但她只能提供祖父母的名字，无法提供具体的户口所在地信息，所以派出所也找不到相关材料来确认身份，无法开具死亡证明。一时间，小刘不知如何是好。

4. 继承人需支付费用、税款及还债

在办理法定继承的过程中，继承人需要支付公证费，但继承人可能无法支付。比如，被继承人留下的房产太多，总价值很高，公证费可能高达几十万元，而继承人一时无法拿出这么多现金。此外，继承人还可能因为如何分摊公证费而产生纠纷。

按照法律的规定，继承人可能还要向遗产管理人支付报酬。我们来看一下《民法典》的相关规定。

第一千一百四十五条　继承开始后，遗嘱执行人为遗产管理人；没有遗嘱执行人的，继承人应当及时推选遗产管理人；继承人未推选的，由继承人共同担任遗产管理人；没有继承人或者继承人均放弃继承的，由被继承人生前住所地的民政部门或者村民委员会担任遗产管理人。

第一千一百四十七条　遗产管理人应当履行下列职责：

（一）清理遗产并制作遗产清单；

（二）向继承人报告遗产情况；

（三）采取必要措施防止遗产毁损、灭失；

（四）处理被继承人的债权债务；

（五）按照遗嘱或者依照法律规定分割遗产；

（六）实施与管理遗产有关的其他必要行为。

第一千一百四十九条 遗产管理人可以依照法律规定或者按照约定获得报酬。

在继承的过程中，遗产管理人可以起到管理财产、监督等作用，保证遗产继承的流程更加规范，因此遗产管理人是可以要求获得报酬的。

除了公证费、遗产管理人的报酬，继承人在继承时可能还需要缴纳被继承人应当缴纳的税款，以及偿还被继承人所欠的债务。对此，《民法典》的规定如下。

第一千一百五十九条 分割遗产，应当清偿被继承人依法应当缴纳的税款和债务；但是，应当为缺乏劳动能力又没有生活来源的继承人保留必要的遗产。

总之，继承人能继承的不是被继承人的全部遗产，而是被继承人的全部遗产减去其生前所欠的税和债，以及继承所需交纳的公证费、过户费等各项费用之后的遗产净值。换句话说，如果遗产不足以清偿债务、税款和继承所需花费的各项费用，继承人会得不偿失。在这种情况下，大部分继承人会放弃继承。

二、遗嘱继承及其风险

（一）遗嘱的形式

首先，我们来了解一下遗嘱的形式。

我国《民法典》规定了 6 种遗嘱形式，分别为自书遗嘱、代书遗嘱、打印遗嘱、录音录像遗嘱、口头遗嘱、公证遗嘱。

自书遗嘱是最常见的遗嘱形式。自书遗嘱既不需要见证人，也不需要公证，遗嘱人亲笔手写，签名，注明年、月、日，即为有效。

代书遗嘱就是找别人帮忙代写的遗嘱。代书遗嘱需要两个以上的见证人在场见证，由其中一人代书，并由遗嘱人、代书人和其他见证人签名，注明年、月、日。需要注意的是，对于见证人的资格，法律有很多条件限制，比如无民事行为能力人、限制民事行为能力人、继承人、与继承人有利害关系的人等，都不能做见证人，否则会导致遗嘱无效。

打印遗嘱同样需要两个以上的见证人在场见证。遗嘱人和见证人要在遗嘱的每一页上签名，注明年、月、日。

录音录像遗嘱也需要两个以上的见证人在场见证。遗嘱人单独录音录像而订立的录音录像遗嘱是无效的。

口头遗嘱只有在危急情况下才能使用。比如一个人突发意外，伤势严重，在奔赴医院抢救的路上生死难料，此时，他就可以订立口头遗嘱。此外，口头遗嘱同样需要两个以上的见证人在场见证。需要注意的是，在危急情况消失后，若遗嘱人能以其他形式订立遗嘱，之前所订立的口头遗嘱无效。

公证遗嘱不需要告知遗嘱人的亲属，包括遗嘱人选定的继承人。也就是说，公证遗嘱是遗嘱人的单方面行为，只要遗嘱人按照合法合规的程序，在公证人员的见证下订立，即为有效。

综上所述，不同形式的遗嘱，其生效要件及注意事项会有所不同。因此，我们在订立遗嘱时一定要多加注意，否则可能会导致遗嘱无效。

（二）遗嘱继承中的常见问题

遗嘱继承是一种非常重要的传承方式，而且相对于

法定继承，它也有很多优势。比如，从理论上讲，订立一份遗嘱就可以实现财富的定向传承。具体来说，父母可以在遗嘱中写明，自己百年以后把财产留给子女，让子女获得全部遗产。这样一来，其他法定继承人就无权继承这笔财富，进而能实现定向传承。

虽然遗嘱继承相对于法定继承有很多优势，但在现实生活中，单靠一份遗嘱，是不可能解决所有财产传承问题的。

下面，我们来看一个案例。

半年前，老杨的母亲过世了。老杨的母亲生前曾在街道办事处工作人员的陪同下订立了遗嘱，且遗嘱经鉴定是有效的。该遗嘱的主要内容是，在老杨的母亲过世后，将她留下的遗产平均分配给6个子女。

老杨的母亲名下有一套120平方米的房子，位于北京市中心。母亲去世后，老杨和兄弟姐妹聚在一起，商量应该如何处理这套房子。因为虽然遗嘱中规定了遗产平均分配，但没有明确房子该如何处置。

老杨的三姐想卖掉房子，因为她家里的住房面积比较紧张，而且孩子也要结婚了，所以想凑点钱换一套大房子。老杨的大哥也想把房子卖了换点钱，用于自己养老。其他四人则认为房价未来还有上涨的空间，而且房子还可能拆迁，所以不同意卖，想等到合适的时机再做处理。就这样，兄弟姐妹六人争执不休。最后，少数服从多数，房子没有卖掉。

根据上面的案例，我们可以发现，即使遗嘱中写明了遗产的分配方案，可能也无法解决分配时的实际问题，进而给继承人造成很多困扰。

此外，单独依靠遗嘱来处理财产，可能还会遇到其他问题。比如，前面我们也讲过，如果不了解订立遗嘱的具体法律要求和规则，就可能造成遗嘱无效；遗嘱订立时间较早，之后又产生了新的财产，结果造成遗嘱和现实情况不符，无法执行；有时还可能存在多份遗嘱的情况，而按照法律的规定，如果多份遗嘱都是遗嘱人真实意思的表示，且订立时符合法律要求，应以最后订立的遗嘱为准。因此，在订立遗嘱时，我们应该尽量把问题想得全面一些，进行缜密的规划。

还有一点需要注意，遗嘱继承也无法避免继承权公证的流程。虽然遗嘱继承的手续会稍微简便一些，但继承人依然要提供一系列证明材料，交纳相应的税费和手续费，偿还被继承人的债务，等等。

三、提前赠与及其风险防范

（一）提前赠与的风险

正如前文所讲，继承权公证的手续复杂，流程烦琐，要交纳的费用也是一笔不小的负担。那么，在进行家庭财富传承时，我们能否避免这些“负担”呢？方法还是有的，比如我们可以采取提前赠与的方式。

被继承人可以提前将自己的财产赠与继承人。股权、房产以及其他动产，尤其是现金、古董、字画等，都适合提前赠与。但是，提前赠与也意味着赠与人会失去财产的控制权，其背后隐藏的风险非常大。我们来看下面这个案例。

周女士有一个女儿叫洋洋。在洋洋刚出生后不久，周女士的前夫就出轨了，抛弃了周女士和女儿。因此长期以来，周女士一直独自抚养洋洋。

周女士经过辛苦打拼，在北京、深圳买了9套房子。由于担心未来政策变动，她就把9套房子都过户到了洋洋的名下。周女士认为，在洋洋还没有结婚时把房子过户给洋洋，这些房产就是洋洋的个人财产。这样的话，即使未来洋洋和自己一样遭遇婚变，这些房子也不会作为洋洋及其配偶的夫妻共同财产而被分割。而且，即使自己百年之后，开始征收遗产税，由于房子在洋洋的名下，自然也无须缴纳遗产税。不过，由于担心洋洋会私自处理这些房产，周女士为自己保留了1%的房产份额。

周女士本觉得自己的规划已经很好了，但后来的现实情况让她意识到自己的规划存在重大问题。洋洋成年后，找了一个家庭条件一般的男朋友，而且不顾周女士的反对就和男朋友结婚了。婚后，洋洋和丈夫由于生活理念不和，几乎天天吵架。有一次，洋洋气得夺门而出，由于当时精神恍惚，在过马路时不小心被车撞倒，不幸身亡。

洋洋去世之后，她名下的房产分割就成了一个问题。根据《民法典》的规定，第一顺序继承人包括配偶、子女、父母，所以洋洋的继承人有她的丈夫、周女士，以及周女士的前夫。也就是说，洋洋名下的9套房子应该平均分成3份，每个继承人分得3套。

那周女士不是还拥有这些房子1%的份额吗？这会不会对她有所帮助呢？要想解答该问题，我们就需要了解共同共有和按份共有。

根据我国相关法律的规定，房产的共同共有包括两种情况：第一，夫妻双方对房产的共同共有；第二，在被继承人去世之后，房产被分割之前，多个继承人对房产共同共有。房产共同共有的特点是，只有在所有共有人都达成一致意见的情况下才能处理房产。

就上述案例来说，周女士和洋洋对那 9 套房产并不是共同共有，而是按份共有。由于周女士持有 1% 的房产份额，洋洋持有 99% 的房产份额，所以理论上来说，洋洋可以单独处置那 99% 的房产份额，周女士没有权利干预。虽然现实中很少有人会只购买 99% 的房产份额，但从法律上来讲是可行的。因此，当洋洋去世后，6 套房产会被分割给洋洋的丈夫和周女士的前夫，而他们是可以出售这些房产的，周女士无法加以阻止。即便周女士仍旧拥有 1% 的房产份额，能够挽回的损失也极其有限。

接下来，我们总结一下提前赠与可能蕴含的四大风险。

第一，子女婚变风险。父母把财产提前赠与子女之后，由于子女常年持有财产，财产很可能转化为子女及其配偶的夫妻共同财产。这样的话，一旦子女发生婚变，财产就很容易被其配偶分割，从而造成家族财富外流。

第二，子女挥霍风险。父母提前赠与，对子女的财富管理能力是一种考验。如果子女不擅长管理财富，挥霍浪费，就会造成较大的财产损失，甚至会对子女的人生产生负面影响。

第三，子女人身风险。如果子女先于父母去世，且已经结婚，那么提前赠与子女的财产就会面临再分配的风险，从而导致家族财富旁落于他人。比如前面案例中的周女士，由于提前赠与后女儿不幸离世，结果导致原本属于自己的 9 套房产只剩下 3 套，损失可谓巨大。

第四，父母养老风险。父母把财产提前赠与子女，很容易导致自己的养老保障不足。如果子女不孝，或随意挥霍财产，父母的养老生活可能就会受到很大的影响。

（二）提前赠与风险的规避

由于提前赠与存在一定的风险，为了规避相应风险，我们有以下两个建议。

第一，订立公证遗嘱。父母不要一次性把全部财产赠与子女，而要随着子女的年龄增长，财富管理能力的增强，逐渐赠与。对于暂时不赠与的财产，可以用公证遗嘱来提前进行安排。而且遗嘱也可以作为财产清单，方便继承人清楚地了解自己可以继承哪些财产。

第二，进行房产反向抵押。在提前赠与房产时，可以采用房产反向抵押的方式，这样可以在一定程度上确保赠与人对房产的控制权。关于房产反向抵押的好处，我们在第十章中已做过论述，这里就不赘述了。

四、如何更安全、妥当地进行家族财富传承

（一）通过家族信托进行家族财富传承

委托人可以把家族财富委托给信托公司，信托公司会按照委托人的意愿进行管理。此外，委托人可以指定受益人和信托资产的分配方式，受益人可以根据信托分配条款领取财产。这样，受益人不仅无须办理继承权公证等烦琐的手续，还可以免去继承时的很多税费支出。

虽然家族信托可以实现个性化传承，但按照我国金融管理机构的规定，若要设立家族信托，信托财产的金额或价值不能低于1000万元。同时，设立家族信托还需要经过一系列标准程序，比如已婚的委托人需要夫妻双方录音、录像，保留相关证据，而且委托人还需要提供一系列证明文件。总之，家族信托门槛较高，设立程序较烦琐，还会产生管理费、托管费等费用，不太适合家族财富总量不是很高的家庭。

（二）巧用保单进行家族财富传承

相较于提前赠与和家族信托，人寿保单在家族财富传承上有自身独特的优势。比如，父母可以用要传承的

信托

资金购买一份分红险，并将子女设置为受益人，这样就能通过这份保单实现家族财富的传承。

通过人寿保单传承财富时，最常采用的保单架构是父母做投保人和被保险人，子女做受益人。这种保单架构在传承财富方面有以下七个好处。

第一，父母作为投保人，可以完全掌控保单。这样，如果子女的婚姻出现问题，需要分割夫妻共同财产时，这份保单不会被分割。需要注意的是，投保人和被保险人要一致，这样变更投保人、受益人，或用保单进行贷款会更加容易。比如，当遇到急需用钱的情况，可以用保单贷款功能解决燃眉之急。

第二，父母作为投保人和被保险人，可以获得保单的一部分回报，用于满足养老、看病等需求。比如，若父母购买了一份分红险，那么在传承前，他们既可以每年获得一笔红利补充养老生活开支，也可以将这笔资金赠与子女。

第三，子女作为受益人，将来继承父母财产时可以避免继承权公证。被保险人身故后，当身故受益人去保险公司办理理赔时，需要提供的材料比较简单，一般包括理赔申请书，保险合同，身故受益人的身份证件或户籍证明，被保险人的身份证件、死亡证明，身故受益人与被保险人的关系证明（比如户口本、结婚证）等，这些都相对容易搜集到。只要提供了这些文件，且文件核实无误，一般几天之内就可以拿到理赔款。

第四，被保险人身故后，保单的身故保险金属于受益人的个人财产，不用偿还被保险人生前的债务，以此来保障家人的日常生活。

第五，不用缴纳个人所得税。根据《中华人民共和国个人所得税法》第四条的规定，有十项个人所得是免征个人所得税的，其中第五项是“保险赔款”。因此，受益人获得的身故保险金无须缴纳个人所得税。

第六，避免纠纷。身故保险金是指定给受益人的，不会引起继承人之间的纠纷。而且，利用保单传承家族财富还具有一定的隐秘性，因为除受益人之外，其他继承人可能完全不会知道保单的存在。

第七，财富杠杆作用。如果被保险人身故，受益人可以获得当年度有效保险金额或现金价值的 1.2 倍、1.4 倍或 1.6 倍的身故保险金，这相当于放大了财富，使受益人能够获得更多的财产。

鉴于以上这些优点，我们建议大家至少拿出一部分资金，提前为自己购买一份人寿保单，以便更好地进行财富传承的规划。

第十二章　用分红险隔离家企财富风险

一、企业经营中的风险

根据我国市场监督管理总局公布的数据，截至 2023 年底，我国登记在册的经营主体高达 1.84 亿户，包括企业 5826.8 万户、个体工商户 1.24 亿户、农民专业合作社 223 万户，企业中 95% 以上是中小企业。

中小企业在我国国民经济中占有重要地位，是国民经济和社会发展的主力军。但是，由于企业规模较小，有些中小企业主会觉得自己做的是小生意，出不了什么大事情，所以风险意识比较薄弱。然而，事实并非如此。下面，我们就来分析一下企业经营中潜藏的风险。

（一）企业的分类及企业主的责任

根据我国法律规定，企业主要分为两类：法人组织和非法人组织。法人是与自然人相对的概念。自然人指的是生物学意义上的人，而法人则是组织在法律上的人格化。我们来看一下《民法典》对法人的定义。

第五十七条　法人是具有民事权利能力和民事行为能力，依法独立享有民事权利和承担民事义务的组织。

我们常说的法人大多是指法定代表人。法定代表人是代表法人行使民事权利、履行民事义务的负责人。《民法典》的相关规定如下。

第六十一条　依照法律或者法人章程的规定，代表法人从事民事活动的负责人，为法人的法定代表人。

法定代表人以法人名义从事的民事活动，其法律后果由法人承受。

法人章程或者法人权力机构对法定代表人代表权的限制，不得对抗善意相对人。

此外，法人又分为营利法人和非营利法人。我们再来看看《民法典》的相关规定。

第七十六条　以取得利润并分配给股东等出资人为目的成立的法人，为营利法人。

营利法人包括有限责任公司、股份有限公司和其他企业法人等。

第八十七条　为公益目的或者其他非营利目的成立，不向出资人、设立人或者会员分配所取得利润的法人，为非营利法人。

非营利法人包括事业单位、社会团体、基金会、社会服务机构等。

还有一些企业属于非法人组织，《民法典》对其规定如下。

第一百零二条　非法人组织是不具有法人资格，但是能够依法以自己的名义从事民事活动的组织。

非法人组织包括个人独资企业、合伙企业、不具有法人资格的专业服务机构等。

《中华人民共和国个人独资企业法》对个人独资企业的规定如下。

第二条　本法所称个人独资企业，是指依照本法在中国境内设立，由一个自然人投资，财产为投资人个人所有，投资人以其个人财产对企业债务承担无限责任的经营实体。

合伙企业包括普通合伙企业和有限合伙企业。《中华人民共和国合伙企业法》对其有如下规定。

第二条　本法所称合伙企业，是指自然人、法人和其他组织依照本法在中国境内设立的普通合伙企业和有限合伙企业。

普通合伙企业由普通合伙人组成，合伙人对合伙企业债务承担无限连带责任。本法对普通合伙人承担责任的形式有特别规定的，从其规定。

有限合伙企业由普通合伙人和有限合伙人组成，普通合伙人对合伙企业债务承担无限连带责任，有限合伙人以其认缴的出资额为限对合伙企业债务承担责任。

法人组织和非法人组织在责任上的划分是不同的。无论是成立个人独资企业，还是成立合伙企业，非法人组织的投资人和普通合伙人都要承担无限责任。也就是说，对非法人组织的企业主来说，由于家庭资产暴露在企业经营风险之下，因此要特别关注家庭资产的保全问题，尽量不要让企业经营风险威胁到家庭资产。

与非法人组织的企业主相比，法人组织的企业主面

临的情况则有很大不同。我们来看一下《中华人民共和国公司法》(以下简称《公司法》)的相关规定。

第三条　公司是企业法人，有独立的法人财产，享有法人财产权。公司以其全部财产对公司的债务承担责任。

公司的合法权益受法律保护，不受侵犯。

第四条　有限责任公司的股东以其认缴的出资额为限对公司承担责任；股份有限公司的股东以其认购的股份为限对公司承担责任。

公司股东对公司依法享有资产收益、参与重大决策和选择管理者等权利。

根据上述法条，我们可以知道，有限责任公司或股份有限公司欠的债务由公司来偿还，股东以认缴的出资额或认购的股份为限，对公司承担有限责任。比如，甲和乙各自出资 100 万元，成立了一家公司。之后，公司因经营不善欠了 500 万元，则甲和乙作为公司股东，只需各自承担最多不超过 100 万元的公司债务，剩下的 300 万元债务由公司来承担。如果公司资不抵债，则可以申请破产。也就是说，从法律层面上来说，有限公司的股东已经实现了一定程度的家企资产隔离。

（二）什么情况下个人要为企业债务承担连带责任

既然有限公司的股东只需对企业承担有限责任，为什么在现实中我们还是会经常看到，公司破产后牵连了企业主家庭的情况呢?

之所以会出现这种情况，大多是因为企业主利用自己的有限责任，侵害了公司或公司债权人的利益，最终不得不承担连带责任。

对企业主、实控人、高管等人员在企业经营中应承担的连带责任，《公司法》中有明确的规定，具体如下。

第二十二条　公司的控股股东、实际控制人、董事、监事、高级管理人员不得利用关联关系损害公司利益。

违反前款规定，给公司造成损失的，应当承担赔偿责任。

第二十三条　公司股东滥用公司法人独立地位和股东有限责任，逃避债务，严重损害公司债权人利益的，应当对公司债务承担连带责任。

股东利用其控制的两个以上公司实施前款规定行为的，各公司应当对任一公司的债务承担连带责任。

只有一个股东的公司，股东不能证明公司财产独立于股东自己的财产的，应当对公司债务承担连带责任。

按照以上法条，如果公司只有一个股东，且股东无法证明公司财产独立于自己的财产，这唯一的股东就应当对公司债务承担连带责任。也就是说，如果一人为股东的公司出现了债务无法偿还的情况，且存在家企资产混同，则股东要承担连带责任，即需要以家庭财产来偿还企业债务。

即便公司有不止一个股东，在公司经营中仍然可能出现某些情况，使得股东，甚至其配偶承担连带责任。下面，我们来列举三种比较常见的情况。

1. 家企资产混同

在现实中，有些企业主经常会将公司的资金用于私人用途，比如买车、买房，以及用于家庭的一些日常消费；或者用个人或家人的账户直接收取公司资金；或者为了少缴个人所得税，不通过工资或分红的方式从企业获得个人收入，而是通过向企业借款，或把家庭消费在企业报销的方式；更严重的，还会利用职务之便，挪用公司资金归个人或家庭所有。这些操作很容易让家庭资产和公司资产发生混同，这样，一旦公司出现债务问题，企业主就需要用家庭资产来承担偿还公司债务的连带责任。

为了更好地理解这一点，我们来看下面的案例。

河南一家园林公司与苏州一家公司准备在河南共同开发一块土地。两公司签订了一份协议，约定项目前期由苏州的公司出资，待项目完成之后，河南的园林公司将前期投资款返还给苏州的公司。至于项目利润，双方将另行商议进行分配。

但是，项目竣工之后，河南的园林公司并没有将苏州的公司的投资款返还，也未分配利润。因此，苏州的公司把河南的园林公司告上了法庭，要求其履行协议。

法院最终判决，河南的园林公司按照协议，将投资款返还给苏州的公司，并对利润进行重新分配。

同时，法院在调查时发现，河南的园林公司股东的个人账户和公司账户之间，资金往来十分频繁。在法院对该公司的股东进行征询时，股东对账目间的资金往来无法做出合理的解释。因此，法院认定该公司股东存在个人资产与企业资产混同的问题，应对偿还苏州的公司的投资款和利润分配承担连带责任。这意味着，如果河南的园林公司无法偿还这些欠款，该公司的股东就需要用个人的家庭资产来偿还。

2. 提供担保

此外，公司为股东提供担保或股东为公司提供担保，也很容易造成股东对公司债务承担连带责任。我们来看下面的案例。

江西的一家公司想扩大规模，于是向银行贷款了770万元。贷款时，公司的股东按照相关要求对贷款做了担保，并签订了一份保证合同，保证期限是两年。合同规定，如果两年内该公司没有把这笔贷款连本带息归还，股东要承担连带责任。

当时，公司的股东都以为经济形势良好，公司扩大规模后肯定会赚钱。然而，公司扩大规模后，反而陷入了亏损，无力偿还贷款。后来，银行起诉到法院，要求该公司偿还贷款及利息，为贷款提供担保的股东也成为被告。最终法院判决，公司应立即偿还贷款及利息，股东也要承担连带责任。

在现实中，股东为公司提供担保而使自身家庭承担公司债务的情况屡见不鲜。比如，有的企业主会为企业的贷款或借款提供保证，这样，一旦企业经营出现问题，无法偿还贷款或借款时，企业主就要承担相应的还款责任；有的企业主为了业务合作，会以个人身份为有合作关系的企业提供保证，这样，一旦被保证的企业出现债务问题，企业主的个人资产也会受到牵连。因此，即便看上去很正常，没有任何违规操作的企业经营行为，也可能潜藏着风险。作为企业经营者，不可不防。

3. 企业债务变夫妻共同债务

在企业经营中，企业债务成为夫妻共同债务的情形也很常见。也就是说，即使配偶不参与公司经营，可能也要承担相应的还债责任。我们来看下面的案例。

2019 年，李先生出资 100 万元，注册了一家科技有限公司，并担任法定代表人和董事长。他的妻子王女士既没有参与公司注册和出资，也没有参与公司经营，更没有在公司担任职务。2022 年，公司陷入经营困境，李先生向 A 公司借了 200 万元。后来，由于债务逾期未还，A 公司向法院提起诉讼，要求李先生和王女士共同偿还借款本息。

在这种情况下，王女士是否有责任偿还相应债务呢？我们来分析一下。

第一，李先生是否存在家企资产混同的情况？如果李先生的企业资产和家庭资产存在混同的情况，比如家庭的日常开支、不动产的购买等资金与企业的资金混在

一起了，那么，李先生就要对公司债务承担连带责任。

第二，相应债务是否属于夫妻共同债务？《民法典》对夫妻共同债务有如下规定。

第一千零六十四条　夫妻双方共同签名或者夫妻一方事后追认等共同意思表示所负的债务，以及夫妻一方在婚姻关系存续期间以个人名义为家庭日常生活需要所负的债务，属于夫妻共同债务。

夫妻一方在婚姻关系存续期间以个人名义超出家庭日常生活需要所负的债务，不属于夫妻共同债务；但是，债权人能够证明该债务用于夫妻共同生活、共同生产经营或者基于夫妻双方共同意思表示的除外。

根据以上法条，我们可以知道，如果在借款时，夫妻双方在借款合同或其他借款文件上共同签名，或者夫妻一方虽然未在相应文件上签名，但事后追认了借款，那么这笔债务就会被认定为夫妻共同债务；如果夫妻一方在婚姻关系存续期间的借款被用于家庭的日常生活，那么这笔债务也会被认定为夫妻共同债务。

就上述案例来说，如果相应债务是李先生单独借的，王女士没有在借款合同上签名，也未曾追认，并且借款只用于公司经营，这笔债务就不属于夫妻共同债务。否则，相应债务就是夫妻共同债务，王女士也要承担还债责任。

从上面的分析不难看出，公司资产和家庭资产的混同、夫妻共同债务都是非常复杂的问题，需要综合多种情况进行判断，稍有不慎，就可能让家庭多年来积累下的财富被吞噬。作为企业的经营者、管理者，在日常企业经营中，一定要注意家企资产的隔离和夫妻共同债务的处理，将企业经营风险和家庭财产隔离开。

二、家企财富风险的隔离措施

面对家企财富风险，企业主、股东、高管等人员应该提前防范，做好隔离措施。

在企业经营中，企业主、股东、高管等人员应该实行合法合规的措施，通过健全合理的财务制度和企业架构，尽可能降低企业经营风险。此外，相关人员还应该做好资产保全，通过对不同资产的合理配置，在家庭资产和企业资产之间建立一道牢固的防火墙，避免家企资产混同风险的发生。

（一）合法合规的企业经营措施

在企业经营的过程中，为了降低风险，我们应该做到以下七个方面。

1. 保持稳定的现金流

在企业经营中，现金流至关重要。只有拥有稳定的现金流，才能确保企业在面对债务问题时游刃有余。

企业可以通过减少经营成本、提高营业收入、用好国家优惠政策、聚焦公司主业等方法，实现企业经营的开源节流，确保企业现金流的稳定。

2. 建立健全的财务管理体系

企业应建立健全的财务管理体系，包括制定详细的预算计划、建立合理的财务指标和控制措施、加强内部审计等，以确保财务状况的稳定，弥补经营中的漏洞。

3. 开拓多元化的融资渠道

企业可以通过开拓多元化的融资渠道来降低债务风险。比如，除了银行贷款，企业还可以通过发行债券、吸引投资者投资等多种方式来筹集资金，从而化解债务风险。但在融资的过程中，一定要注意合法合规，不要试图通过一些不正规，甚至违法的手段来融资。

4. 控制企业的债务比率

企业应根据自身的经营情况和行业的特点，设定合理的债务比率，并积极控制债务的增长。此外，企业还应定期评估和分析债务状况，及时调整债务结构。

5. 加强风险管理能力

企业应建立健全的风险管理体系，包括制定风险应对措施、建立预警机制等，以提前发现和应对潜在的债务风险。

6. 增加信息披露的透明度

对于一些规模较大、投资方和债权人较多的企业，应及时、准确、全面地披露企业财务信息，提高企业经营信息的透明度，以增强投资者和债权人对企业的信任，减少债务风险。

7. 和债权人建立良好关系

企业应与债权人保持积极的沟通，建立良好的合作关系。在经营面临困难时，企业要及时与债权人沟通，协商解决方案，尽量获得债权人的谅解，共渡难关。这样，可以避免因债权人催债而使企业经营进一步陷入困境。

（二）调整企业架构

在法律框架内，我们可以对企业架构进行设计调整，使其更加合理，从而降低企业经营风险。

比如，对一些仅有一个股东或夫妻二人作为股东的

公司，可以引入新的股东，以减轻股东对公司债务的连带责任。

此外，还可以通过对持股方式、公司结构等进行合理合法的调整来分散风险。比如，张先生以自然人身份持股了三家公司，且在每家公司都出资了100万元。这意味着，张先生要为每家公司承担100万元的有限责任。此时，张先生可以选择出资50万元再成立一家投资公司，由投资公司来持股这三家公司。这三家公司的持股方式从自然人持股变成法人持股后，若出现风险，由投资公司来承担责任，张先生则只需对投资公司承担50万元的有限责任。这样，张先生就在自己和这三家公司之间建立起一道资金风险防火墙。

（三）家企资产混同风险的隔离措施

在实践中，为了隔离家企资产混同风险，我们通常可以采取以下三种方法。

1. 资产代持

我们可以把自己的一部分资产交给父母、子女、亲戚、朋友来代持，以便将这一部分家庭资产隔离于企业经营风险之外。

但是，资产代持也存在一定的风险。比如，代持人有可能将代持财产挪作他用；如果代持的是房产，其实际所有权人可能不容易变卖该房产；如果代持人遭遇婚姻、债务、人身等风险，代持资产也可能遭受损失。

因此我们建议，如果想将家庭资产交付他人代持，一定要签订正式的代持协议，以确定财产的实际归属，同时要保留好相关证据。此外，还可以要求代持人的法定继承人签订知情函，避免代持人身故后，相应资产被代持人的法定继承人继承。

2. 把金融资产转化为实物资产

我们可以把一部分金融资产转化为贵金属、古董、艺术品等实物资产。和银行存款、房产等资产不同，这类资产的所有权是不记名的，因此适合馈赠、转移给与企业无关的人，以隔离家企资产混同风险。

3. 利用家族信托

就家族信托来说，委托人将财产交付给信托公司之后，信托财产就具有了独立性，独立于委托人、受托人和受益人的固有财产，因此，家族信托具有良好的资产隔离作用。

但我们在第十一章中也讲过，家族信托设立的门槛较高，对资产规模有一定要求。而且，信托公司会要求委托人提供资产证明、税务证明等一系列材料，并进行审核。若不符合相关条件，信托公司则可能会拒绝委托人设立家族信托的要求。之所以如此，是为了确保家族信托不会被债务穿透。

我们来看一下《中华人民共和国信托法》的相关规定。

第十七条　除因下列情形之一外，对信托财产不得强制执行：

（一）设立信托前债权人已对该信托财产享有优先受偿的权利，并依法行使该权利的；

（二）受托人处理信托事务所产生债务，债权人要求清偿该债务的；

（三）信托财产本身应担负的税款；

（四）法律规定的其他情形。

对于违反前款规定而强制执行信托财产，委托人、受托人或者受益人有权向人民法院提出异议。

根据上述法条，我们可以知道，委托人设立家族信托时不能损害债权人的利益，且应当缴清信托财产本身应担负的税款，否则信托财产可能会被强制执行。因此，信托公司才会要求委托人提供相关证明，以确保进入家族信托的财产是没有瑕疵的。我们建议，委托人应尽量在家庭财务健康的情况下设立家族信托。

三、分红险及保险金信托在隔离家企资产混同风险中的作用

（一）保单在隔离家企资产混同风险中的作用

在家企资产混同风险的隔离方面，保单也能起到一定作用。

2015 年，浙江省高级人民法院发布了《关于加强和规范对被执行人拥有的人身保险产品财产利益执行的通知》，其中第一条规定："投保人购买了传统型、分红型、投资连结型、万能型人身保险产品，依保险单约定可获得的生存保险金，或现金方式支付的保单红利，或退保后保单的现金价值，均属于投保人、被保人或受益人的财产权。当投保人、被保人或受益人作为被执行人时，该财产权属于责任财产，人民法院可以执行。"这意味着，当保单的投保人、被保险人和受益人成为债务人时，法院有可能对保单进行强制执行，将保单用于偿还债务。

但这并不意味着保单就完全失去了债务隔离的作用，我们仍然可以通过保单架构设计来尽量避免保单被强制执行。

我们知道，一份保单的现金价值、分红、账户价值等，一般属于投保人；年金保险每年返还的年金、重疾

险的保险金、意外险的伤残保险金属于被保险人；被保险人身故之后的身故保险金属于受益人。因此，在涉及债务的案件中，保单是否会被强制执行，具体要看债务人在保单架构中究竟是投保人、被保险人，还是受益人。

如果投保人是债务人，则保单的现金价值、分红、账户价值可能会被强制执行；如果被保险人是债务人，则年金保险的生存保险金可能会被强制执行；如果受益人是债务人，则尚未赔付的身故保险金可能会被强制执行。

但还有一些特殊情况需要注意。2021 年 11 月 18 日，上海市高级人民法院发布了《关于建立被执行人人身保险产品财产利益协助执行机制的会议纪要》，其中规定："鉴于重大疾病保险、意外伤残保险、医疗费用保险等产品人身专属性较强、保单现金价值低，但潜在可能获得的保障大，人民法院应秉承比例原则，对该类保单一般不作扣划。"

根据以上规定，结合我国各地实际执行情况，重大疾病保险、意外伤残保险、医疗费用保险等人身专属性较强的保险，一般情况下不会被强制执行。

综上所述，我们在购买保险产品时，应该根据家庭的具体情况，设计好投保人、被保险人和受益人。

我们可以这样来设计保单：将自己设为投保人和被

保险人，将父母或子女设为受益人。这样的设计有以下三个好处：第一，我们作为投保人，可以掌控保单；第二，假如发生特殊情况，我们可以变更保单架构，以实现保单资产的风险隔离；第三，在我们身故后，身故保险金会给到受益人，这笔钱不会被用来偿还我们所欠的债务。通过这样的保单架构设计，可以让我们的家庭资产更加安全。

就分红险保单而言，红利分配方式分为现金分红和保额分红。对于现金分红型保单，分红属于投保人，因此当投保人变更为无债务风险的人时，可以继续享受分红回报。对于保额分红型保单，则是将分红直接增加到保额中。保额通常对应的是身故保险金的额度，而身故保险金归受益人所有，因此当受益人无债务风险时，保单一般不会被强制执行。

（二）用分红险保单隔离家企资产混同风险

我们可以通过购买分红险来隔离家企资产混同风险。

企业主、股东、高管等相关人员在购买分红险时，可以将自己的父母或成年子女作为投保人，自己作为被保险人，子女作为受益人。

这样的设计有以下三点好处。

第一，分红险保单的回报归投保人所有，而父母一般和企业没有关系，所以父母做投保人，可以有效隔离企业经营风险。即使企业背负债务，危及家庭资产，也和父母投保的分红险保单没有关系。如果担心父母不幸身故，保单会成为其遗产而被其他法定继承人分割，则可以要求父母提前订立一份遗嘱，明确父母身故后保单资产的归属。

第二，分红险保单的回报既可以用于父母的养老，也可以和父母商量好后，用于家庭的日常生活。

第三，如果被保险人身故，子女作为受益人领取的身故保险金，不会被用于清偿被保险人身前所欠的债务。

总之，通过这样一份分红险保单的设计，就可以有效地将家庭资产和企业资产进行隔离。

（三）用保险金信托隔离家企资产混同风险

保险金信托是将人寿保险和家族信托结合在一起，兼具人寿保险和家族信托的优势。因此，如果我们的家庭财产难以达到家族信托的门槛，则可以选择设立保险金信托。

具体来说，我们可以将保单的受益权作为信托财产，与信托公司签订信托合同，约定将该保单未来可能获得的保险金存入信托账户，由信托公司进行管理和运作，并将信托利益分配给信托受益人。

在隔离家企资产混同风险方面，保险金信托有以下两个优势。

第一，受益人的范围更广。保单的受益人一般只能设定为被保险人的配偶、子女或父母，而保险金信托的受益人范围则广得多。一般而言，只要和委托人有亲属关系的，都可以作为保险金信托的受益人。这样，更有利于将家庭资产隔离于企业风险之外。

第二，资金更安全。前面我们讲过，保单在某些情况下是可以用来偿债的。设立保险金信托后，保险金会进入保险金信托账户，可以实现更好的风险隔离效果。因为进入保险金信托账户的保险金是独立的信托财产，和委托人的其他财产、信托公司的固有财产、受益人的财产相区别。